El poder de las pirámides 2

Emilio Salas
Román Cano

El poder
de las pirámides 2

NUEVA
FONTANA

Ediciones Martínez Roca, S. A.

© 1978, Ediciones Martínez Roca, S. A.
Gran Vía, 774, 7.º, Barcelona - 13
ISBN 84-270-0481-8
Depósito Legal: B. 8457-1981
Impreso en Gráficas Diamante, Zamora, 83, Barcelona - 18

Impreso en España — Printed in Spain

Prólogo

Este libro recoge el resultado de nuestra propia experiencia en el campo de las pirámides, que cuenta ya con algunos años, y cuanto sobre el tema se ha publicado hasta la fecha y ha llegado a nuestro conocimiento. Sin embargo, no pretendemos que ésta sea una obra definitiva, sino tan sólo un instrumento de trabajo que permita al interesado investigar con conocimiento de causa los fenómenos que se producen en las maquetas de pirámides y, tal vez también, en la verdadera pirámide de Keops. Así pues, quede bien claro que no ofrecemos conclusiones definitivas, sino líneas de investigación e hipótesis de trabajo, útiles como punto de partida para posteriores estudios.

El trabajo que presentamos está articulado en dos partes: una práctica y una teórica, amén de unos apéndices finales complementarios. Si bien la parte teórica reúne en un conjunto armónico teorías generales y conclusiones, ello no es obstáculo para que éstas sean citadas, si es necesario, en la parte práctica.

Para facilitar la tarea del lector, se han unificado datos y medidas, evitándole así la engorrosa necesidad de trasladar, por ejemplo, pulgadas a milímetros.

A riesgo de parecer reiterativos, hemos analizado minuciosamente alguno de los experimentos. Con ello queremos inculcar al lector interesado que toda investigación que se quiera rigurosa y pretenda llegar a resultados aceptables debe tener en cuenta todas las variables y repetirse cuanto sea posible para obtener conclusiones promedio. Desde estas líneas recomendamos a quien desee realizar investigaciones por cuenta propia que no tan sólo compruebe personalmente la veracidad de lo que nosotros (u otros investigadores) afirmamos, sino que experimente repetidas veces, anotando cuidadosamente los datos. A veces, una variación a primera vista inexplicable puede correlacionarse con circunstancias y acontecimientos inadvertidos con anterioridad. Tal sería el caso, experimentado por nosotros mismos, de diferencias en los resultados de pruebas idénticas realizadas en el campo y la ciudad, diferencias que pueden ser debidas a la distinta ionización del aire, a la polución, o a otros factores aún desconocidos. También es aconsejable conservar cuidadosamente todos los datos que se obtengan para estar en condiciones de repetir la experiencia con ocasión de una circunstancia excepcional (por ejemplo, máxima concentración de manchas solares).

Una última advertencia: prescindimos en esta obra de los datos históricos que suelen ocupar la mitad de los libros dedicados al tema. Del mismo modo, hemos procurado evitar repeticiones con respecto a la obra de Max Toth y Greg Nielsen, *El poder mágico de las pirámides*,[1] que suponemos ya en poder de nuestros lectores. Sólo nos referiremos a ella en aquellos casos en los que alguna experiencia precise un análisis más detallado o en aquellos puntos que han suscitado mayor interés, como la abundante correspondencia recibida atestigua.

No nos queda más que agradecer a nuestros lectores su paciencia para con nosotros y desearles que se animen a participar en los experimentos. Si, además, nos comunican sus resultados para ampliar nuestros conocimientos, les estaremos doblemente agradecidos.

---

1. Max Toth y Greg Nielsen, *El poder mágico de las pirámides*, Ediciones Martínez Roca, S. A., Barcelona, 1977.

Primera parte

Piramidología experimental

1

De las ondas nocivas a la energía piramidal

Lo primero que aprendemos al iniciarnos en la radiestesia es que todos los cuerpos emiten unas ondas o radiaciones que el péndulo traduce mediante una serie de movimientos. Estos movimientos, una vez conocidos, permiten detectar yacimientos minerales y aguas subterráneas.

Los radiestesistas, en su afán por catalogar cuanto se ponía bajo su péndulo o varilla, fueron clasificando todos los cuerpos según sus radiaciones, llegando al extremo de afirmar que incluso cada persona, enfermedad, medicamento u objeto, emite ondas particulares.

No es pues de extrañar que, llevados por tal afán, intentaran hallar la radiación de cualquier anomalía detectada en uno u otro lugar. Así fue como percibieron reacciones en sus instrumentos en el emplazamiento de las camas de algunos enfermos y comprobaron que, al hacerles desplazar la misma, o cambiar de habitación, se conseguían abundantes casos de mejoría y curación. Las radiaciones causantes de dichas perturbaciones fueron llamadas «ondas nocivas».

Los primeros en hablar del tema fueron los franceses; entre otros muchos cabe señalar al abate Mermet, A. Bovis, J. Martial, Chaumery, A. de Bélizal, L. Turenne y Enel. En Alemania, destacaron Kritzinguer y Gotsche primero, y luego Von Pohl, cuya obra *Erdstrahlen als Krankheitserreger* (Los rayos terrestres como causa de las enfermedades), publicada en 1932, encontró amplio eco en todos los países.

Casi simultáneamente se descubrió una serie de nuevos fenómenos, como la existencia en algunas carreteras de puntos críticos en los que se producían inexplicables accidentes en número muy superior al normal, o la existencia de edificios (las famosas casas cancerígenas) cuyos habitantes sufrían enfermedades mortales o en las que se registraban suicidios o actos violentos también en promedios superiores a lo normal. Era lógico imaginar la existencia de alguna causa específica para tales desaguisados: también en estos lugares se detectó la existencia de ondas nocivas.

Poco a poco se edificó una teoría cuya paternidad es imposible discernir ya que los radiestesistas formaban un grupo muy homogéneo e intercambiaban entre sí sus hallazgos y conclusiones. Según dicha teoría, la superficie terrestre está envuelta por dos redes paralelas de fuerzas, una subterránea o telúrica, y otra superior o cósmica. En ciertos lugares y a causa de accidentes del terreno (corrientes subterráneas, fallas naturales, yacimientos, cavidades, etc.) se produciría un desequilibrio entre ambas fuerzas, siempre en un sentido de mayor fuerza telúrica. Al aflorar ésta a la superficie por dicho punto, aparecen las ondas nocivas.

Como podemos ver, esta teoría es muy próxima —si no es su continuación lógica— de la creencia de los antiguos en la existencia de «ríos infernales» en los que se desintegraban las sombras de los muertos; estos «ríos» emergían del subsuelo en ciertos lugares como géiseres invisibles, y era allí donde los hombres prehistóricos plantaban sus menhires, como postes señalizadores de los mismos y, por qué no, como acumuladores de fuerza telúrica.

También podemos percibir en la teoría de los radiestesistas la influencia de la naciente electrónica, con el mecanismo de la transmisión de las ondas, así como de la teoría de la ionización, negativa en el suelo y positiva en la atmósfera.

No es pues de extrañar que en este ambiente se produjese la famosa anécdota del señor Bovis y las pirámides.

Durante un viaje por Egipto, Bovis visitó casualmente la Gran Pirámide de Keops. En la llamada Cámara del Rey, observó que, a pesar de su húmedo ambiente, los cadáveres de gatos, ratas, y otros pequeños animales, que tras errar perdidos perecían en su interior y eran depositados en un recipiente de desperdicios, no tan sólo no se descomponían, sino que, al contrario, se hallaban perfectamente momificados.

Como buen radiestesista e investigador, Bovis usó su péndulo, y pudo darse cuenta de que se hallaba en presencia de otro fenómeno perteneciente a la serie de los que estudiaba. Analizando los diversos aspectos del problema, se preguntó si aquella peculiaridad se debería a la forma de la pirámide y la situación de la Cámara del Rey. Cuidadosamente, anotó las medidas de la pirámide y las relaciones que guardaban entre sí, dispuesto a realizar algunas experiencias para comprobar la teoría que germinaba en su mente. Esta teoría consistía en que los constructores de la pirámide adoptaron tal forma y disposición como una precaución suplementaria para asegurar la perfecta momificación de los faraones.

En este caso era inevitable suponer que los sacerdotes egipcios poseían conocimientos insospechados sobre las propiedades de la materia, de las formas, y de ciertas fuerzas capaces de modificar los procesos naturales, así como también, sobre la manera de detectar y analizar estas fuerzas. Los hallazgos han corroborado que realmente conocían la radiestesia, puesto que se han encontrado varillas rabdománticas y péndulos en varias tumbas.

De regreso en Francia, Bovis construyó una maqueta en madera de la pirámide de Keops, de 75 cm de altura, la orientó sobre el eje norte-sur de la Tierra (al igual que la de Egipto), y a un tercio de su altura, colgado del vértice de la misma, colocó el cadáver de un gato: éste se momificó; repitió la experiencia con otras materias fácilmente putrescibles y éstas se deshidrataron. Con tales resultados, quedaba demostrado que su intuición era certera, y que en la pirámide existía una fuerza que detenía la putrefacción y provocaba una acelerada desecación.

En Niza, Bovis daba una serie de conferencias sobre radiestesia (que posteriormente fueron editadas con el título *De la radiation de tous les corps*), y en una de ellas comunicó sus experiencias: momificación en modelos reducidos de la pirámide de Keops, construcción de estos modelos a escala 1/500 y 1/1.000, y hallazgo en dichos modelos de las mismas radiaciones que las existentes en la Cámara del Rey de la Gran Pirámide.

La trascendencia de estas conferencias dentro de los medios aficionados a la radiestesia fue tal, que incluso en Estados Unidos, en 1929, un profesor de Física llamado Samuel James McIntosh hablaba a sus alumnos de la Universidad de Cincinnati sobre las curiosas propiedades de la pirámide y, en 1935, John Hall de Chicago, experimentó también con la pirámide. Éste, por si fuera poco, utilizando un anillo de cobre y dos cables del mismo metal de gran longitud, demostró que del vértice de la pirámide salía una especie de carga eléctrica, lo que corroboraba la controvertida experiencia de sir Williams Siemens, quien, hallándose en la cima de la pirámide de Keops, sufrió una descarga de electricidad estática al beber de una botella envuelta en un periódico húmedo.

Volvamos a Francia. En 1932, Léon Chaumery y A. de Bélizal, en la búsqueda de péndulos ultrasensibles, llegaron a crear más de doscientos modelos de detectores, y en su estudio de distintas formas llegaron a la esfera, a la que definieron como encrucijada y centro de emisión de todas las vibraciones. Según estos autores, en la esfera se conjugan fuerzas electromagnéticas ligadas a la energía cósmica.

Chaumery y Bélizal constataron que al ser atravesada una esfera por los polos por una corriente magnética natural, se produce en su mismo centro una descomposición de las radiaciones visibles e invisibles en longitudes de onda análogas a las de un espectro luminoso, distribuyéndose los distintos rayos-colores en puntos rigurosamente equidistantes sobre la superficie esférica.

Siendo idéntico este fenómeno al de la descomposición de la luz blanca por un prisma de cristal, consideraron que se hallaban en presencia de la gama completa de las longitudes de onda, desde la más larga, el infrarrojo, hasta la más corta, a la que denominaron «verde negativo», por situarse en la superficie de la esfera en el polo opuesto al verde normal.

Todos estos hallazgos, realizados entre 1932 y 1934, fueron objeto de numerosas patentes, y publicados posteriormente en el *Traité Expérimental de Physique Radiesthésique* (1939). Del conjunto destacan las cualidades del «verde negativo», al que los descubridores identificaron con las radiaciones de la pirámide y lo consideraron agente causal de las momificaciones.

En 1931, un ingeniero radioléctrico, L. Turenne, comenzó la publicación de una serie de diez libros bajo un título común: *De la Baguette de Coudrier aux Détecteurs du Prospecteur*. En el tercer volumen (1933), Turenne amplía enormemente los estudios sobre las radiaciones, y llega al extremo de proporcionar listas completas de todas las radiaciones de los elementos químicos, plantas, enfermedades, remedios, etc., reseñando las longitudes y amplitudes de onda de cada uno de ellos. Ni que decir

14

tiene, que también se extiende sobre las propiedades del «verde negativo», al que considera onda ultrapenetrante y «onda portadora» de todas las demás.

Diez años más tarde, en el séptimo tomo de su obra, el mismo Turenne relata sus experiencias con las pirámides, siendo digno de destacar que señala los casos en que la momificación no se produce, o lo hace imperfectamente: 1) cuando la habitación en que se trabaja está sometida a ondas verticales de contaminación por el suelo (ondas nocivas o telúricas); y 2) cuando la habitación está sometida a ondas verticales de electricidad.

También debemos mencionar a Skariatine, coronel ruso nacionalizado francés, quien con el pseudónimo de Enel publicó una serie de obras sobre egiptología y radiestesia. Enel nos dice que ya en 1908, durante su primera estancia en Egipto, descubrió la misteriosa radiación de la Gran Pirámide, pero que sólo gracias a la obra de Chaumery y Bélizal, así como al péndulo universal de estos autores, consiguió definirla por completo y comprobar que el célebre verde negativo no es un único rayo, sino un haz de varios rayos muy próximos entre sí, a uno de los cuales, el que llama PI, atribuye propiedades curativas sobre el cáncer.

Pero quizá la obra más conocida de toda esta época, sea la de Jean Martial: *La Radiesthésie et les énergies inconnues*, ya que, además de toda la serie de teorías en las que concuerda con los anteriores, facilita la primera lista de resultados de experiencias de momificación acompañada de los tiempos de exposición de las diversas materias bajo la pirámide, lista que ha sido copiada repetidamente por todos los autores actuales desde 1970 hasta la fecha, aunque la gran mayoría de los mismos no cite su procedencia.

En Estados Unidos, el gran pionero en la investigación sobre las pirámides fue Verne Cameron, reconocido mundialmente como experto radiestesista.

Cameron repitió toda la serie de experiencias de los franceses y fue el primero en hacernos notar que los productos alimenticios conservados bajo pirámide no sólo se conservan indefinidamente, sino que además mantienen todo su sabor y cualidades alimenticias. Sus experiencias con carne grasa de cerdo y sandías son tan populares en América como las de Martial entre nosotros.

A causa de su formación científica, Cameron se interrogó sobre las causas de tan insólitos fenómenos. Para averiguarlas inventó un aparato al que denominó «aurámetro», que le servía para medir el «aura» del campo de fuerza de los objetos.

Sus conclusiones son similares a las de los franceses, y al igual que éstos denomina «ondas de forma» a la energía de la pirámide. No menciona para nada el verde negativo, pero afirma en cambio que, además del rayo vertical de energía que se desprende del vértice, del campo interno, y del campo secundario que los franceses hallan alrededor de la pirámide, la influencia de ésta se extiende hacia abajo, como si la pirámide fuese el vértice de un gran campo invisible de forma piramidal que se extiende por debajo de la misma.

Para resumir en pocas palabras las conclusiones coincidentes de estos investigadores (y eliminando aquello en lo que divergen) diremos que todos insisten en la existencia de una energía o radiación especial imposible de detectar por ningún instrumento, y sí tan sólo por la radiestesia,[1] cuya influencia tanto puede ser benéfica como maléfica (en este último caso tanto puede serlo por una ligera diferencia de onda como por un exceso de radiación), y gracias a la cual puede obtenerse la momificación, la curación de graves enfermedades, estimular o impedir la germinación de semillas, dotar al agua de cualidades curativas y energetizantes, etc.

Como podemos ver, todo cuanto actualmente aparece como gran novedad, estaba ya incluido en los trabajos de los radiestesistas, comprendido el trabajo psíquico bajo pirámide, que si no hemos mencionado, es porque su principal expositor, Enel, lo presenta entremezclándolo con un profundo estudio del esoterismo del antiguo Egipto, no sólo difícil de asimilar, sino también ajeno de momento al marco de una obra como ésta.

La causa de que todos estos logros hayan pasado desapercibidos del gran público y de que los científicos los descarten como fantasías reside en el carácter tan especial de la radiestesia, similar (o idéntica) en su fundamento a los poderes PSI de la parapsicología, lo que hace imposible su verificación con seguridad científica. Asimismo, y por idénticos motivos, cada radiestesista tiene sus «patrones» personales de medida, y por ello, aunque en resumen todos vengan a decir lo mismo y sus

1. Para evitar dudas sobre este párrafo, debemos aclarar que todos los aparatos inventados y patentados por los radiestesistas en realidad son amplificadores de su sensibilidad o auxiliares para efectuar mediciones comparativas, y que, si bien son muy útiles para el radiestesista, no sirven para nada a quien no posea la facultad radiestésica. De aquí que no sea una contradicción decir "imposible de detectar por ningún instrumento y sí tan sólo por la radiestesia", después de citar detectores, aurámetros y otros "instrumentos" radiestésicos.

resultados sean ciertos, las «medidas» de cada uno en particular son distintas, lo que mueve al científico a desconfiar de la validez de sus propuestas.

También hay que tener en cuenta la brecha causada por la segunda guerra mundial, que trajo como consecuencia la aparición de dos grandes tecnologías, la rusa y la americana, que relegaron a un segundo plano las del resto de occidente. Lo anteriormente conseguido se olvidó, y tan sólo se convierte en espectacular y apreciado mundialmente cuando nos lo repiten desde «detrás del telón de acero», y gracias a dos autoras americanas: Sheila Ostrander y Lynn Schroeder.

2

La furia piramidal

El actual interés por las pirámides arranca en 1970 y fue generado por la publicación del libro *Psychic Discoveries Behind the Iron Curtain*, una obra que revela la intensa investigación de lo paranormal en la Europa del Este. Las autoras, Sheila Ostrander y Lynn Schroeder, describen, entre otros temas, el trabajo de un ingeniero electrónico, Karel Drbal, con las energías que genera o enfocan las pirámides.

Karel Drbal tuvo conocimiento de los primeros trabajos de los radiestesistas franceses durante los siete años que trabajó en París. Él mismo reconoce con ejemplar modestia lo mucho que debe al abate Moreux por su obra *La Science Mystérieuse des Pharaons*, a L. Turenne por *Ondes des formes* (tomo quinto de su obra), y, principalmente, a A. Bovis por el manual que resume sus conferencias. Durante las experiencias que luego relataremos, también mantuvo correspondencia con Bovis, Martial y otros radiestesistas, tanto franceses como de otros países.

Durante el período de penuria que atravesó Checoslovaquia al final de la segunda guerra mundial, y mientras Drbal realizaba sus experiencias con la pirámide, se acordó de una curiosa experiencia de su servicio militar. Una de las bromas que se gastaban era la de dejar la navaja de afeitar del compañero «agraciado» en el alféizar de la ventana, expuesta durante toda

18

la noche a los rayos lunares. Al día siguiente, la víctima se dejaba la piel a tiras al intentar afeitarse, ya que el filo había desaparecido como por arte de magia. Según Drbal, la luz polarizada de la Luna tiene la propiedad de deformar la estructura cristalina del acero.

Drbal tuvo la idea de poner una hoja de afeitar en la pirámide con la esperanza de que ésta destruiría también el filo de la hoja. Realizó una serie de pruebas y, para sorpresa suya, obtuvo un resultado opuesto al que esperaba: llegó a poder afeitarse hasta doscientas veces con la misma hoja. Según él mismo dice, desde el 3 de marzo de 1949 hasta el 6 de julio de 1954, gastó sólo dieciocho hojas de afeitar de varias marcas (principalmente «Blue Gillette»), lo que le supuso un promedio de ciento cinco afeitados por hoja. Ni que decir tiene que patentó su invento e hizo la felicidad de sus compatriotas.

La odisea de Drbal para patentar su pirámide es demasiado extensa para reproducirla aquí, pero lo que sí es interesante es llegar a su teoría del funcionamiento de la misma. Según él, dos factores entran en juego:

1) Una deshidratación rápida, que elimina la humedad en los espacios intercristalinos del filo de la hoja. (En el caso de materiales orgánicos, esta deshidratación es la que produce la momificación.)

2) Una acción sobre la estructura microscópica de la materia, que elimina el efecto de «fatiga del metal» causado por el uso. (En las materias orgánicas, esta acción destruye los microorganismos causantes de la putrefacción, lo que permite la conservación de la materia sometida a momificación durante el tiempo preciso para que actúe a fondo la deshidratación.)

Lo que diferencia a Drbal de los radiestesistas, es su formación científica. Él mismo declara que el inconveniente de los franceses es su «misticismo»; por lo tanto Drbal realiza experiencias y comprueba resultados, limitándose a la conclusión de que toda la materia viva, incluyendo al hombre, está sometida a la influencia de una energía biocósmica; la pirámide sirve tan sólo para enfocar esta energía.

Pequeñas pirámides rojas, rojiblancas y blancas, empezaron a inundar el comercio checoslovaco en 1959, pero el interés básico de Drbal, al igual que el de los radiestesistas, era el estudio de las radiaciones inusuales, principalmente el verde negativo que ya hemos mencionado. Siguiendo en esta línea, Drbal ha realizado últimamente nuevas investigaciones de preserva-

19

ción de la carne utilizando ondas luminosas en lugar de ondas de forma.

Colgó dos trozos de carne, separados aproximadamente diez centímetros uno del otro en una habitación corriente; no evitó la luz solar, ni aplicó iluminación artificial; se limitó a mantener las condiciones normales, excepto por un rayo de luz verde que mantuvo constantemente enfocado, noche y día, sobre uno de los trozos de carne. La carne sometida al baño continuo de luz verde permaneció fresca, mientras que la otra se estropeó...

De esta forma demostró prácticamente la realidad de la teoría de los radiestesistas —y suya propia— de que la luz, la electricidad y el magnetismo, van siempre acompañados de otra misteriosa radiación, esta energía biocósmica cuyas distintas modalidades se asocian en cierta forma a los colores, en especial al verde.

Casi simultáneamente con la aparición de la obra de Ostrander y Schroeder trascendió el fracaso de un programa de investigación que empleaba los rayos cósmicos para averiguar la existencia de cavidades no localizadas en las pirámides. Con esta investigación se pretendía terminar con la incertidumbre sobre la existencia de cámaras secretas donde estuvieran las momias de los faraones no aparecidas todavía a pesar de las excavaciones efectuadas.

Esta expedición, de la que se hizo gran publicidad en su inicio, concluyó con un fracaso tan incomprensible como inexplicable. La expedición estaba dirigida por el doctor Luis W. Álvarez, premio Nobel de Física 1968, y, entre otros, colaboraban con él personalidades tan eminentes como el doctor I. I. Rabi, de la Universidad de Columbia, galardonado por la AAAS (American Association for the Advancement of Science) a raíz de sus trabajos de Física nuclear; el doctor Ahmed Fahkry, autoridad en antigüedades egipcias de la República Árabe Unida; y el doctor Amr Goneid, de El Cairo. En suma, un impresionante grupo de científicos patrocinado por una docena de instituciones, entre las que figuraba la Comisión de Energía Atómica de los Estados Unidos. El coste de la operación estaba calculado en un millón de dólares.

Tras registrar millones de trayectorias de rayos cósmicos sobre una cinta magnética especial para su análisis por computadora, se procedió a su estudio. Su evaluación por el ordenador de El Cairo registró claramente la localización de las caras y aristas de la pirámide de Kefrén, pero no indicó la existencia de ninguna cámara oculta.

Las siguientes palabras del doctor Amr Goneid resumen lo curioso, y a la vez trágico, del caso: «La pirámide desafía todas las leyes conocidas de la ciencia y la electrónica». Apoyaba sus palabras con unas cintas, resultado de dos exploraciones efectuadas con veinticuatro horas de intervalo en el mismo sector, sobre las mismas piedras, según la misma técnica y en condiciones idénticas: ¡ambas mediciones eran completamente distintas!

Tras este fracaso cayó el silencio sobre la prosecución de las experiencias, que el Stanford Research Institute ha continuado, pero cuyos resultados todavía no se conocen (¿?).

El doctor Álvarez no ha admitido nunca que el llamado «efecto de la pirámide» tenga nada que ver con el fracaso de su equipo, pero no ha dado ninguna explicación más verosímil del hecho.

El impacto de la obra de Ostrander y Schroeder y su coincidencia con este fracaso no podían por menos que influir en la opinión popular, y desde entonces, disparada la «furia piramidal», el ritmo de las investigaciones se ha hecho frenético, hasta el punto que ya no es posible ordenar cronológicamente los acontecimientos.

Citaremos tan sólo como ejemplo algunos de los organismos privados que han proliferado en Estados Unidos:

En Nueva York, la compañía Toth Pyramid, explota la licencia de Drbal sobre la pirámide para afilar hojas de afeitar, y el mismo Max Toth, en colaboración con Greg Nielsen, ha publicado un libro, *Pyramid Power*, el más completo sobre el tema hasta el momento, a pesar de ser anterior a los trabajos de Flanagan, Schul y Pettit, y otros de los que hablaremos más adelante.

En Chicago, la casa Edmunds Scientific, de John Dilley (ya fallecido), ha comercializado un modelo de pirámide de alta precisión realizado en plexiglás.

En Santa Bárbara, California, Bill Cox, discípulo y continuador de Verne Cameron, además de sus trabajos, publica las obras del famoso radiestesista y edita la «Pyramid Guide», revista mensual sobre radiestesia y campos de energía.

En Los Ángeles, California, el ESP Laboratory, una organización de investigaciones parapsicológicas, también trabaja sobre pirámides.

En Detroit, John B. Boyle ha creado la Astral Research, que además de vender pirámides emplea los fondos así obtenidos en sufragar sus investigaciones sobre las mismas.

—Esto es tan sólo una muestra, ya que cada día se crean nuevas sociedades y grupos, aparte de los particulares cuyos logros divulgan las publicaciones especializadas, como la ya mencionada de Bill Cox.

Veamos ahora cuáles son los investigadores que más se han distinguido últimamente:

Eric MacLuhan. Hijo del gran teórico de la comunicación, Marshall MacLuhan, Eric MacLuhan es profesor de electrónica creadora de la Universidad de Ontario, y ha dado clases en la Universidad de Wisconsin y en el Fanshawe College de Londres. Entre los resultados de sus trabajos cabe destacar el hallazgo de que el coeficiente de deshidratación de la carne varía según el lugar de colocación en la pirámide.

Son muy notables sus esfuerzos en pos de una aproximación interdisciplinaria entre científicos de distintas ramas, ya que lo que el egiptólogo no puede percibir, puede hacerlo el físico o el especialista en electrónica. MacLuhan cita como ejemplo de su afirmación el que en una ocasión, al mostrar el plano de base de varias pirámides a un ingeniero acústico, éste le comentó que el plano se parecía extraordinariamente a un sistema de altavoces.

Según MacLuhan, si está comprobado que para un óptimo resultado de las experiencias, los objetos deben colocarse a un tercio de la altura de la pirámide, y ésta debe estar orientada en la dirección norte-sur, esto parece indicar la intervención de varias energías, y concluye:

«La Cámara del Rey, que es el mayor centro de energía de la pirámide, es también el centro de gravedad. Esto no es casual.

»La pirámide está alineada en dirección norte-sur, paralela al eje magnético terrestre. Esto tampoco es casual y coincide con la teoría complementaria de que el magnetismo tiene su influencia, y las ondas de energía de la pirámide están en alguna forma polarizadas.

»Las pirámides egipcias son masas sólidas de roca, con cámaras interrelacionadas entre sí de forma específica. Estas cámaras son "cavidades resonantes", espacios cerrados en los que la energía electromagnética puede ser almacenada o excitada, en forma semejante a los altavoces de alta fidelidad.»

Desde su punto de vista, en estos tres aspectos de gravedad, magnetismo y resonancia, está la clave del poder piramidal.

En su seguridad de que —entre otras cosas— la pirámide puede producir un campo magnético coherente, busca una compañía que haga crecer cristales semiconductores en el interior magnéticamente puro de la pirámide, con lo que, a su entender, se conseguirían elementos supereficientes, libres de radiaciones extrañas.

Afirma, además, que si es cierto que en Italia, Francia y Yugoslavia se distribuye leche y yogur en envases piramidales, y estos productos se mantienen frescos durante más tiempo, es indudable que intervienen varias energías, ya que es imposible mantener orientados los contenedores. Para algunos efectos sería necesaria la orientación, pero para otros bastaría con la forma piramidal.

Joan Ann de Mattia. Licenciada en Filosofía y Letras, profesora del Institute of Psychorientology de Laredo, Texas, después de realizar también los clásicos experimentos de momificación, ha hecho algunas observaciones interesantes.

La primera se refiere al comportamiento de la miel bajo la pirámide. Este producto tiene la curiosa propiedad de volver al estado líquido si durante su solidificación la pirámide es desviada de su orientación.

Otra experiencia curiosa es el método de curación de lo que humorísticamente denomina «síndrome del novio cansado». Esta experiencia consiste en colocar una pequeña pirámide debajo del sillón del «novio», lo que produce una «energización» del varón que le permite cumplir mejor con sus «deberes». Lo más interesante de esta experiencia no es el hecho de comprobar la existencia de un efecto por encima del vértice de la pirámide —que puede usarse también colocándola bajo la cama para recargar energías durante el sueño— sino el ser Joan Ann de Mattia la única que menciona que el color parece tener cierta importancia en los efectos.

En cuanto a sus comentarios sobre las experiencias PSI bajo pirámide, también tienen cierto interés, a pesar de que sobre el tema existen muchos trabajos similares.

Bill Schul y Ed Pettit. Autores de dos obras, *The Secret Power of Pyramids* y *The Psychic Power of Pyramids*, son quienes mejores experiencias han realizado sobre el comportamiento y crecimiento de las plantas bajo pirámide. A nuestro entender, además del método y la regularidad de sus experiencias, lo realmente importante de sus trabajos es haber escogido al girasol, en el que observan unos curiosos movimientos cíclicos giratorios de una duración de unas dos horas, cuyas causas ignoran.

Tambien es interesante, a pesar de ser ya conocida, la des-igualdad de los resultados que han obtenido: a veces la pirá-mide impide o retrasa el crecimiento de las plantas, cuando por lo general lo intensifica. Otro hecho significativo es la imposi-bilidad de hacer crecer tomateras en el suelo que haya servido de base a una pirámide.

De las experiencias de Schul y Pettit sobre la meditación y los efectos psíquicos, tema del segundo de sus libros, así como de sus observaciones sobre las aplicaciones médicas de la pirá-mide, hablaremos más adelante, ya que en lo esencial coinciden con las experiencias de otros autores.

G. Patrick Flanagan. Originario de Glendale, California. Niño prodigio e inventor (a los diecisiete años era ya conocido por su invento del neurófono, una ayuda auditiva que transmite di-rectamente al cerebro impulsos eléctricos), doctor y licenciado, vende por correo tiendas de plástico de 1,80 m de altura, a es-cala, en forma de pirámide, así como un generador de energía piramidal, y posee además una serie de patentes de instrumen-tos electrónicos que utiliza para su trabajo con pirámides.

¿Cómo se produce el efecto piramidal? Flanagan está con-vencido de que la energía de las pirámides cambia las propie-dades dieléctricas de la materia y sostiene que la energía dieléc-trica es una reflexión de la carga eléctrica de la superficie de los cuerpos. Podemos resumir sus hallazgos como sigue:

Empieza por citar el clásico experimento de Faraday con el saco cónico de seda (figura 1) para demostrar la distribución de la carga eléctrica en un cuerpo aislado.

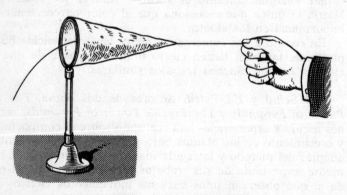

FIG. 1. Experimento de Faraday.

Faraday cargó el saco con electricidad estática y descubrió que toda la carga se distribuía en la cara exterior del mismo, quedando sin carga el interior. Tirando del cordón que atraviesa el vértice del cono, lo volvió al revés, y la carga pasó a la nueva superficie exterior (que antes era la interior). Cuantas veces se repetía la operación la carga pasaba siempre al exterior y nunca quedaba en el nuevo interior. La conclusión es obvia: la carga estática permanece siempre en la superficie exterior de los cuerpos.

Pero sigamos. Flanagan ha creado un aparato al que llama termómetro diferencial electrónico, que detecta en sus mediciones diferencias ínfimas de temperatura; mediante el empleo del mismo asegura que la temperatura del interior de la pirámide es ligeramente superior a la del exterior, y que el contenido de energía varía según el momento del día, la estación, el clima, las fases de la Luna y la cantidad y polaridad de los iones de la atmósfera que rodea a la pirámide. En su opinión, los éxitos o fracasos que se producen en la experimentación dependen de una interrelación compleja de todos estos factores, debiéndose tener en cuenta que, hasta cierto punto, la energía mental del investigador puede afectar también el resultado. Para él, los más importantes de todos estos factores son la orientación de la pirámide y la polaridad de la electricidad atmosférica en forma de iones libres.

Generalmente se acepta que la ionización negativa o, mejor dicho, la carencia de iones positivos, es beneficiosa para la actividad humana, y produce un sentimiento de bienestar. No es de extrañar pues que éste se dé dentro de la pirámide.

Para sus pruebas, Flanagan ha creado un generador de iones negativos que no emite el peligroso ozono. Con él ha comprobado un aumento de energía en el interior y encima de la pirámide al incrementarse el contenido en iones negativos en la atmósfera que la rodea.

En su deseo de ampliar la física de la carga eléctrica, Flanagan afirma que, siendo universal el equilibrio de todos los factores energéticos, deben existir además de las cargas positivas y negativas, el neutro y el cero.

Considerando a la Tierra como una gran esfera, la ionosfera tiene una carga positiva de 400.000 voltios, la superficie es negativa con un voltaje similar, y el centro tiene carga cero. El interior de la Tierra es extremadamente cálido, del orden de miles de grados: ¿qué origina esta temperatura? Pues la misma razón que hace que una pirámide esté más caliente dentro que fuera: la diferencia entre carga y cero. Y este flujo de energía podría relacionarse con la gravitación y otros fenómenos inexplicables.

Aun cuando no podemos compartir plenamente esta teoría, proseguiremos diciendo que Flanagan afirma que la pirámide crea un vacío eléctrico en su interior, pero no un vacío de campo energético. El doctor Otto Brunler, que investiga los campos de «energía viva», llama a la misma «energía biocósmica dieléctrica», y Flanagan está convencido de que las cavidades del cerebro e interior del cuerpo son acumuladores de energía dieléctrica: toda cavidad tiene un campo dieléctrico en su interior en correspondencia con el eléctrico de su superficie exterior. La forma del campo determina parte de sus funciones, lo que explica por qué los efectos de la pirámide son distintos de los de las otras formas.

Para Flanagan, la pirámide es como un invernadero que reúne y almacena energía biocósmica. Un invernadero está diseñado de forma que los rayos solares incidan en las paredes en ángulo recto para obtener la máxima transferencia del infrarrojo a su interior, mientras que las demás radiaciones pasan de lado a lado del mismo. Igualmente la pirámide está diseñada de tal modo que la radiación biocósmica incida en las paredes en ángulo recto, cargándola de modo similar.

Flanagan considera también que la pirámide genera nanoondas por el simple hecho de tener cinco ángulos, los cuatro de la base y el del vértice. Estos ángulos producen el efecto de un emisor en el que la radiación de las moléculas de la materia de la pirámide se combina en los ángulos planos formados por las aristas en un haz que los divide por la mitad y es transmitido al centro de la pirámide, donde se concentran en el área de la Cámara del Rey, siendo absorbidos por resonancia en las moléculas de dicha área. A medida que la energía crece, aumenta la circulación, llegándose finalmente a una atmósfera altamente saturada de energía, que irradiará también hacia fuera por las aristas de la pirámide.

Efectivamente, utilizando las técnicas de la fotografía Kirlian, Flanagan y Stark han logrado fotografiar esta energía. Flanagan ha patentado también un cilindro magnético que duplica los campos de energía del interior de la pirámide y puede utilizarse para purificar el agua. Al parecer, las bacterias mueren y las partículas sólidas explotan literalmente, manteniéndose en suspensión coloidal. Añade que este cilindro quita el sabor a mentol de los cigarrillos sólo con dejarlos caer por el agujero (de un diámetro de 2 cm) y que con sólo hacer pasar el whisky por el cilindro se consigue una suavidad comparable a la del Chivas, al igual que ocurre con el café y otras bebidas.

También ha patentado otro invento al que llama generador piramidal, consistente en treinta pirámides metálicas (en cinco filas de seis pirámides) de 2,5 cm de altura sobre fondo dieléctrico. Utilizando este generador como soporte para recipientes con alimentos o líquidos, se consigue que éstos se conserven durante un asombroso período de tiempo (los alimentos), y que mejoren de sabor (los líquidos y el tabaco).

En cuanto a su tienda para meditación afirma que también puede usarse para dormir en su interior, y que quienes lo hacen necesitan dormir menos y que además se incrementa la sensibilidad a los estímulos sexuales (aunque no utiliza esta afirmación en su publicidad comercial).

Sus investigaciones indican que brotes de judía momificados en la pirámide fueron capaces de crecer después de rehidratarlos, lo que indica que la pirámide mantiene las fuerzas de la vida sin destruirlas. Células situadas en el interior de una pirámide en una solución alimenticia han vivido nueve veces más de lo esperado, lo que sugiere si no podría utilizarse esta propiedad para preservar tejidos humanos por largos períodos de tiempo, en vuelos espaciales, por ejemplo, o con otras finalidades médicas (*cloning*).

Si nos hemos extendido tanto con Flanagan —a pesar de que algunas de sus afirmaciones son muy discutibles— es tan sólo por ser sus teorías lo más avanzado hasta la fecha sobre el tema, las que más posibilidades nos abren a la investigación, y por ser el compendio de las sustentadas por los anteriores investigadores, pero con una mayor coherencia.

Serge V. King. Autor de un compendio de cuanto se conoce sobre pirámides, al que añade sus experiencias y conclusiones.

King es meticuloso, aunque inconstante, en sus experiencias, pero teme comprometerse en la teoría, cosa que después de leer su libro comprendemos perfectamente, ya que sus análisis sobre las teorías de los demás son extremadamente ingenuos, a veces hasta contradictorios, y se derrumban sin necesidad de gran reflexión, salvándose únicamente lo que recoge de otros autores.

Su fuerte es la práctica, ya que no se fía de nadie y todo lo comprueba con precisión. Por ejemplo, ha sido una sorpresa para nosotros ver que sus experiencias con la miel le proporcionaban resultados muy parecidos a los nuestros a pesar de que abandonase el intento dejándolo por inútil sin más explicaciones. Los demás autores en cambio, cuando lo mencionan, se limitan a copiar las experiencias de Joan Ann de Mattia sin comprobación alguna.

Las ideas de King podrían resumirse así: menos teoría y más práctica (en lo que estamos de acuerdo). Se limita a decir que la energía de la pirámide es la energía básica del universo a la que llama «Mana» (con lo que declara implícitamente su adscripción a la tradición Huna).

De todos modos, hay que reconocer que al igual que Schul y Pettit, sus experiencias están bien planeadas y también hablaremos de ellas a partir del próximo capítulo, en el que empezamos la verdadera parte experimental de nuestro trabajo.

3

Momificación y conservación de alimentos

CARNE

De todas las experiencias que pueden realizarse con la pirámide, la más conocida y repetidamente comprobada es la momificación de la carne.

Aun cuando todos los autores están de acuerdo en que el promedio de deshidratación de la carne oscila entre el 65 y el 70 por 100 de su peso, se limitan a citar el tiempo en que se realiza la misma, dando cifras tan dispares que llegan a oscilar entre 9 y 40 días.

Si bien estamos de acuerdo en que son muchos los factores que pueden intervenir y que originan tal disparidad de resultados, creemos que el más importante es la falta de un criterio unificado, ya que cada investigador usa un tamaño distinto de pirámide experimental, y, por si fuera poco, no se mantiene una relación constante entre el volumen del cuerpo a momificar y el de la pirámide.

Nuestras experiencias en este sentido nos han permitido comprobar que, efectivamente, las variaciones son muy grandes en los resultados cuando no se tiene en cuenta este factor. La conclusión es que, para obtener resultados satisfactorios y prácticamente constantes, es necesario guardar una proporción correcta. En pirámides de 15 cm de altura, que son las que nor-

29

malmente empleamos en nuestras experiencias de momificación, los mejores resultados los hemos obtenido con trozos de 40 mm de largo, 25 mm de ancho y de 8 a 10 mm de grueso. Si utilizamos medidas menores es difícil obtener una verdadera seguridad, ya que los fragmentos-testigo también acostumbran a momificarse a poco que el tiempo sea seco, al ser prácticamente imposible conseguir carne que no haya sido tratada con aditivos químicos. Si el tamaño es bastante mayor, entonces los resultados son más lentos, aparecen estas enormes diferencias, e incluso algunas veces la momificación se malogra.

El proceso de momificación siempre es el mismo: la carne situada bajo la pirámide disminuye de tamaño con bastante rapidez, endureciéndose sin estropearse, aun cuando se retuerce; en contados casos, en los primeros días parece notarse un ligero mal olor que desaparece rápidamente. Encima de la carne se observa la formación de unas diminutas gotas de agua, como si ésta fuera expulsada del interior de la carne a su superficie, y se forma en el soporte un fino polvo blanquecino (que suponemos debido a los aditivos químicos, ya que no siempre se produce y además todas las veces que hemos podido realizar las experiencias con carne o hígado de conejo recién cazado, este residuo no apareció). Estas gotitas desaparecen más tarde y la momificación sigue su curso normal hasta que la carne parece tener una consistencia muy dura pero elástica. Esta carne es perfectamente comestible varios meses después.

En cambio los testigos (es decir, las muestras de idéntico tamaño y procedencia conservadas fuera de la pirámide) se estropean generalmente a los pocos días. Como ya hemos dicho, a veces también se momifican, pero nunca aparecen las gotitas de agua mencionadas, y, una vez momificados, la textura de la carne es muy distinta y quebradiza.

Esto nos indica que la opinión de King según la cual el aire y el calor natural pueden ser la causa de la conservación de la carne, proceso que la pirámide acelera, no es correcta, ya que el resultado final no es el mismo. Si el lector quiere comprobar lo que decimos, le recomendamos que haga la prueba con hígado de ternera o de cerdo, materiales en los que la diferencia en el resultado final es mayor.

Si se desea obtener resultados similares con pirámides de mayor tamaño, la dimensión de los trozos a momificar debe ser proporcional, aun cuando recomendamos que el grosor no supere nunca un centímetro, puesto que entonces la carne se retuerce al momificarse.

Si la momificación de trozos de gran tamaño se realiza con fines utilitarios de conservación indefinida, creemos apropiado utilizar un artificio que cita Stark y que hemos probado con éxito. Este sistema consiste en construir bandejas con tela de aluminio de malla muy fina, o lámina del mismo metal multiperforada, enmarcada en madera; una vez llenas estas bandejas, se superponen unas a otras atándolas con cordel (nunca con alambre), con lo que se consigue limitar el retorcimiento de los trozos de carne, y, además, al efecto de la pirámide se suma otro especial del aluminio, del que hablaremos en el capítulo 6, lo que permite un mayor aprovechamiento del espacio momificador de la pirámide.

La momificación de trozos de gran tamaño presenta ventajas e inconvenientes. El más destacado de éstos quizá sea que es necesario construir pirámides de más de un metro de altura. En cuanto a las ventajas, éstas se refieren por un lado a la calidad de la carne (mejor sabor, menor tiempo de cocción) y a la comodidad de uso (piénsese, por ejemplo, en las largas excursiones en las que cada gramo de peso en la mochila tiene su importancia).

Una precaución importante es quitar toda la grasa posible para facilitar la momificación. Esto no significa que la grasa no pueda momificarse; sin embargo, los tiempos de momificación de la carne y la grasa son dispares y es mejor, cuando interese, hacerlo por separado.

Si se siguen las instrucciones que preceden pueden conseguirse momificaciones perfectas en un tiempo aproximado de dos semanas (en tiempo seco hasta en una semana). Repetimos que no pueden darse tiempos exactos por ser muchos los factores que intervienen, como se desprende de la lectura del capítulo anterior y que más adelante analizaremos detenidamente.

A guisa de ejemplo, vamos a analizar ahora una de nuestras experiencias realizada con hígado fresco de cordero en dos pirámides de 15 cm de altura, utilizando como testigos un fragmento colocado en un cubo de 14 cm de arista (cuyo volumen es el mismo de la pirámide de 15 cm), y otro trozo descubierto sin protección alguna. Las pirámides y el cubo fueron construidos con la misma cartulina e idéntica ventilación (una abertura semicircular de 2 cm de diámetro en el centro de la base de cada lado).

Las muestras a momificar se cortaron del mismo trozo de hígado procurando que fueran lo más parecidas en forma y peso.

Las muestras de una de las pirámides, del cubo y del testigo descubierto, fueron pesadas diariamente a las seis y media de la tarde de cada día (la experiencia empezó a las seis y media de la tarde del día 10 de septiembre) y la de la otra pirámide tan sólo al finalizar la experiencia. También procuramos situarlas en tal forma que las condiciones ambientes (luz, temperatura, humedad) fueran las mismas para todas las muestras. El tiempo era seco y caluroso.

Los resultados quedan recogidos en la tabla 1.*

Tabla 1. Experimento de momificación de carne. Registro de mediciones.

Día	Prueba	Peso en gramos	Pérdida en gramos	Porcentaje diario	Porcentaje total
0(10-IX)	Testigo	21,08	—	—	—
	Cubo	21,18	—	—	—
	Pirámide	21,20	—	—	—
1(11-IX)	Testigo	16,96	4,12	19,545	—
	Cubo	17,35	3,83	18,083	—
	Pirámide	16,46	4,74	22,358	—
2(12-IX)	Testigo	14,87	2,09	12,323	29,459
	Cubo	14,98	2,37	13,660	29,273
	Pirámide	13,75	2,71	16,464	35,141
3(13-IX)	Testigo	13,35	1,52	10,222	36,670
	Cubo	13,20	1,78	11,882	37,677
	Pirámide	11,75	2,00	14,545	44,575
4(14-IX)	Testigo	12,14	1,21	9,064	42,410
	Cubo	11,74	1,46	11,061	44,570
	Pirámide	10,31	1,44	12,255	51,368
5(15-IX)	Testigo	11,01	1,13	9,308	47,770
	Cubo	10,68	1,06	9,029	49,575
	Pirámide	9,27	1,04	10,087	56,274
6(16-IX)	Testigo	10,08	0,93	8,447	52,182
	Cubo	9,80	0,88	8,240	53,730
	Pirámide	8,50	0,77	8,306	59,906

La muestra que no fue pesada diariamente (peso inicial 21,12 g) se había reducido, al término de la experiencia, a 7,83 g, lo que representa una pérdida de 13,29 g, es decir, un 62,926 por 100 de deshidratación.

* El porcentaje diario de deshidratación puede calcularse de dos maneras: 1) del porcentaje de deshidratación total del día se resta el porcentaje total del día anterior, con lo cual, al final de la experiencia, la suma de los porcentajes diarios será igual al porcentaje total; 2) cada día se considera aisladamente, restando del peso del día anterior el del actual y calculando el porcentaje de deshidratación que representa. Hemos optado por este segundo método porque, aunque arroja una suma de porcentajes diarios que no cuadra con el porcentaje total, ofrece la ventaja de que los porcentajes diarios son más reales y muestran mucho mejor el desarrollo de la experiencia.

Como podemos ver, la momificación es más perfecta si la muestra no es manipulada durante el proceso, pero incluso removiendo las muestras diariamente, las diferencias entre cubo y testigo son insignificantes, mientras que las de las pirámides son muy significativas. Lo apreciaremos mejor en el gráfico siguiente (figura 2) en el que hemos recogido la pérdida de peso en tantos por ciento para unificar los resultados con más precisión. (El gráfico se ha trazado sobre el porcentaje de peso que queda en la muestra, es decir, 100 menos el porcentaje de pérdida de peso. Así, el día 1 el porcentaje será de $100 - 22,358 = 77,642$, que es la cifra representada en el gráfico, y así sucesivamente.)

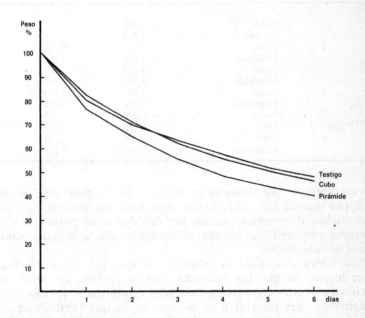

Fig. 2. Experimento de momificación de carne. Gráfico comparado de reducción de peso.

Como podemos apreciar en el gráfico, el testigo y el cubo siguen un proceso casi idéntico, sus gráficas se entrecruzan sin separarse, por lo que las pequeñas diferencias que se observan pueden ser debidas incluso al mismo remover de las muestras para su pesaje; en cambio la separación con la gráfica de la pirámide es claramente delimitada y altamente significativa.

A fin de ilustrar más claramente este proceso, la tabla 2 y el gráfico de la figura 3, recogen los datos anteriores y establecen sobre ellos las diferencias en la pérdida de peso que registran las muestras del cubo y la pirámide con respecto al testigo, tanto en los porcentajes diarios como en los totales.

Tabla 2. Experimento de momificación de carne. Porcentajes de reducción con respecto al testigo.

Día	Prueba	Porcentaje diario	Porcentaje total
1	Cubo	— 1,462	
	Pirámide	2,813	
2	Cubo	1,337	— 0,186
	Pirámide	4,141	5,682
3	Cubo	1,660	1,007
	Pirámide	4,323	7,905
4	Cubo	1,997	2,160
	Pirámide	3,191	8,958
5	Cubo	— 0,279	1,805
	Pirámide	0,779	8,505
6	Cubo	— 0,207	1,548
	Pirámide	— 0,141	7,724

Lo primero que llama la atención es la irregularidad de las gráficas diarias del cubo, lo que nos reafirma todavía más en que dichas diferencias pueden ser debidas a su remoción o a factores imprevisibles ajenos al fenómeno de la momificación propiamente dicho.

La curva diaria de la pirámide sí que refleja una evolución lógica, ya que los primeros días la rapidez de deshidratación aumenta progresivamente, para estabilizarse y descender luego hasta ser inferior a la del testigo, lo que también es lógico, ya que estamos cerca del límite de momificación y no queda casi nada que deshidratar.

Las gráficas totales también concuerdan con lo dicho: irregular la del cubo y continua y lógica la de la pirámide, que permite adivinar que llegará a confundirse con la del testigo al finalizar la momificación.

Hemos escogido este ejemplo de momificación entre los muchos realizados, por su corta duración, al haberse llevado a cabo

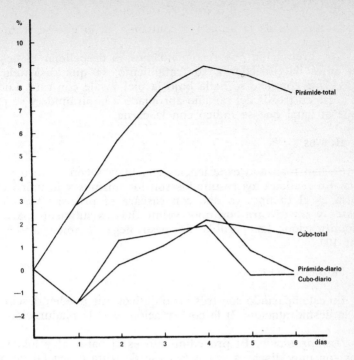

FIG. 3. Experimento de momificación de carne. Grafico comparado de los porcentajes de reducción de peso con respecto al testigo.

en tiempo seco. Esto es una ventaja, y no implica ninguna diferencia con los resultados obtenidos en otros realizados en tiempo húmedo, quizá más espectaculares en las variaciones, pero en los que el testigo se ha estropeado antes de finalizar la prueba.

PESCADO

Cuanto llevamos dicho para la carne puede aplicarse al pescado y en general a todos los demás alimentos, de manera que en lo sucesivo daremos por sabido lo que se refiere a proporciones y sólo las indicaremos cuando existan notables diferencias con la norma general.

El pescado acostumbra a perder un poco más de su peso que la carne —a veces llega al 75 por 100— pero también aquí las distintas especies arrojan distintos tiempos y proporciones.

Todo depende de la humedad contenida en lo que se trata de momificar.

Una precaución que recomendamos es despellejar el pescado antes de proceder a su tratamiento, ya que casi toda la grasa que contiene se halla bajo la piel y sale con ésta. Luego se corta en trozos del tamaño apropiado a la pirámide y se procede al igual que se indicó con la carne.

HUEVOS

Se han realizado experiencias con huevos con cáscara y sin ella. En realidad los resultados son los mismos y lo único que varía es el tiempo, ya que con cáscara se precisan unos dos meses y sin cáscara con unos veinte días es suficiente para su momificación. La pérdida de peso llega también al 60 - 65 por 100.

FRUTA Y VEGETALES

En este apartado son tres los objetivos que pueden desearse: 1) la deshidratación; 2) la conservación; y 3) la maduración.

Deshidratación. El procedimiento es el habitual y los tiempos son muy dispares según la clase de fruta o vegetal de que se trate, ya que puede variar de pocos días para las hierbas hasta tres meses para las manzanas.

Conservación. Casi todos los autores sostienen que el color, el olor y el sabor se conservan prácticamente intactos. Por nuestra parte debemos discrepar, aunque sintamos hacerlo en contra de la pirámide. El sabor sí que se conserva, el olor se pierde bastante, y en cuanto al color los resultados son muy dispares, pero por lo general pierde mucho. Joan Ann de Mattia dice que las rosas se conservan intactas, sin deformarse, pero eso es algo que nunca hemos logrado: todas las flores que hemos tratado se han deformado y perdido color, incluso las rosas. Debemos puntualizar, además, que hemos ensayado distintos lugares de colocación en la pirámide. Si bien el mejor lugar sigue siendo la Cámara del Rey, incluso en este caso nos reafirmamos en lo dicho.

Referente a la conservación en fresco de las frutas, basta colocarlas bajo pirámide (en este caso las proporciones de tamaño y situación en altura no son tan importantes).

Para la conservación basta con tenerlas en la pirámide unas horas —mejor un día— y luego veremos que se conservan intactas mucho más tiempo que las no tratadas. Un proceso mejor, pero más complicado, es construir un generador piramidal como el de Flanagan, a base de una serie de pirámides pequeñas de aluminio fijadas sobre una tabla, y colocar encima el recipiente de la fruta, sin tocarla hasta el momento de consumirla. Si disponemos de una pirámide superior a los 75 cm de altura, basta con colgar el recipiente con la fruta unos centímetros por encima de la cúspide de la misma.

Maduración. El tiempo requerido para la maduración dependerá del tipo de fruta y de lo verde que esté. Por término medio, bastarán de seis a ocho horas.

En este proceso de maduración parece que el sabor incluso mejora, pero en los cítricos (naranja, limón, mandarina, etc.) se produce un fenómeno curioso: su olor picante y la acidez disminuyen en grado sumo y a veces incluso desaparecen.

Creemos con King que la mejoría del sabor puede ser debida a la estimulación por la pirámide de los enzimas de la fruta. El comportamiento de aromas y sabor de los críticos es semejante al del vino y los licores.

En cuanto a las semillas (arroz, judías, habas, etc.) su conservación en la pirámide las mantiene indefinidamente sin deterioro y sin que pierdan su poder de germinación. También en este apartado lamentamos disentir de la opinión general, según la cual la pirámide mantiene alejados a los insectos; tanto King como nosotros hemos realizado pruebas con los mismos y podemos garantizar que los insectos —en especial hormigas y larvas de mosca— entran tranquilamente dentro de la pirámide para apoderarse de los alimentos allí almacenados. En especial pudimos comprobar que las larvas de mosca se desarrollan mejor y algo más rápidamente en el interior de la pirámide, que fuera de ella.

Volviendo a la momificación, diremos que los resultados más asombrosos se consiguen con frutos muy ricos en agua, como tomates o naranjas. En un par de meses llegan a perder un 95 por 100 de volumen. También las uvas sufren un proceso similar, convirtiéndose en pasas.

La opinión de todos los autores es unánime: estas materias mejoran de sabor y *bouquet*.

En opinión de King, no se observa cambio alguno en el tabaco. Sin embargo, a nuestro entender, tal afirmación se debe a que King experimenta con tabaco de pipa, excesivamente fuerte, y la pipa no es un instrumento adecuado para tales pruebas. La realidad es que el tabaco se suaviza bastante (lo que, dicho sea de paso, no es lo mismo que mejorar).

Respecto a los licores, puede procederse de dos maneras. Una, la más espectacular, consiste en someter a comprobación dos copas del mismo licor, una expuesta a la influencia de la pirámide, la otra tomada directamente de la botella; en este caso, es fácil comprobar que, con sólo una hora de exposición, el licor de la pirámide es mucho más suave. El segundo sistema consiste en dejar una copa en la pirámide y otra a la intemperie. La diferencia sigue siendo perceptible, aunque menor.

Lo que ocurre, igual que con los cítricos, es que el alcohol y las esencias son mucho más volátiles que el agua y su evaporación queda proporcionalmente acelerada por la pirámide. Dado que los licores y el vino de calidad se caracterizan por una maduración mucho mayor que suaviza el alcohol —aparte de darles el *bouquet*—, y una graduación algo menor, el descenso en su proporción de alcohol causado por la pirámide los suaviza, haciéndolos más flojos, lo que parece mejorarlos. Sin embargo, esto no tiene nada que ver con la calidad y el *bouquet*.

El segundo tratamiento que puede darse a los licores y vinos es colocarlos en la pirámide en frasco *cerrado* durante un mes, con lo que se acelera su maduración sin que por ello pierdan graduación. En este caso, sí que se produce un claro envejecimiento de los mismos con todo lo que ello implica sobre el *bouquet*. También debe tenerse en cuenta que no todos los licores mejoran con el tiempo; en este caso, la pirámide es inútil.

Leche

La leche tratada tan sólo una hora en una pirámide se mantiene más fresca mucho tiempo después de la fecha de caducidad que figura inscrita en el envase. Si su tratamiento se prolonga durante una semana, la leche se convierte en yogur sin necesidad de añadir ningún fermento.

El proceso es sencillo pero curioso: la leche empieza por

estratificarse en capas separadas y a veces se produce una precipitación polvorienta. Poco a poco, estas capas se espesan y combinan entre sí hasta que el todo se transforma en una substancia cremosa y suave, con apariencia y sabor de yogur.

Hay que tener en cuenta que en este proceso intervienen muchos factores y por lo tanto no es regular. En ocasiones, la estratificación es apenas perceptible o inexistente; en ocasiones la leche se transforma en yogur en 24 ó 48 horas, y otras se retrasa o no se consiguen resultados a pesar de trabajar en idénticas condiciones de luz, calor y humedad.

Bill Schul y Ed Pettit realizaron también una serie de experiencias para ver cuál era el mejor lugar de colocación de la leche en la pirámide y también cuál era el material que mejores resultados daba en la construcción de las mismas. Para ello construyeron pirámides de diversos materiales y tamaños, colocando durante seis días jarras idénticas de leche en diversas localizaciones de la pirámide. Reproducimos a continuación (tabla 3) el resultado de su experiencia.

Tabla 3. Experimento de Schul y Pettit sobre tamaño y material de las pirámides en el tratamiento de la leche.

Tamaño pirámide	Material	Localización	Resultado
25 cm	Vidrio	Cámara del Rey	Yogur suave, ausencia de moho
30 cm	Espejo plateado	Cámara del Rey	Estratificada, cuajada
40 cm	Lados madera, frente de vidrio	Cámara del Rey	Yogur suave, ausencia de moho
1,80 m	Estructura de madera, cubierta de madera	5 cm sobre del vértice	Ausencia de moho, ausencia de estratificación
1,80 m	Estructura de madera, cubierta de madera	5 cm debajo del vértice	Ausencia de moho, ausencia de estratificación
1,80 m	Ídem	Cámara del Rey	Yogur suave, ausencia de moho
3,20 m	Fibra de madera, aislamiento de vidrio	10 cm bajo del vértice	Cerca de la mitad de la consistencia del yogur, ausencia de moho
3,20 m	Ídem	Cámara del Rey	Yogur suave, ausencia de moho

La leche colocada en jarra abierta fuera de la pirámide se estropeó siempre.

Las conclusiones son terminantes: el mejor material para construir pirámides es la madera y el vidrio (a los que nosotros añadiremos el cartón y la cartulina) y el mejor lugar de colocación la Cámara del Rey.

MIEL

La introductora del tema de la miel fue Joan Ann de Mattia en el libro *El poder mágico de las pirámides* de Toth y Nielsen. Según ella, la miel empieza a solidificarse, o mejor dicho, a espesarse, a los cinco días, con la particularidad de que si se varía la orientación de la pirámide la miel vuelve al estado líquido. Este proceso ocurre cuantas veces se repite la operación. Si no se la toca, a las siete semanas la miel está ya solidificada y puede dejarse en cualquier sitio sin que absorba humedad.

King quiso repetir la operación y observó que siete días después la miel no parecía más espesa; cuando la miel empezaba a espesarse, desorientó la pirámide y hasta tres días más tarde no notó que se licuara. Volvió a orientarla de nuevo y tardó otros siete días en espesarse. Esta vez, el tiempo requerido para que se ablandara fue de cinco días. Siguiendo un impulso quitó la pirámide y en cuarenta y ocho horas la miel estaba más espesa que nunca, con lo que dio por liquidada la experiencia.

De los demás autores ninguno declara haber efectuado experiencias con la miel y sólo alguno la cita de pasada refiriéndose a De Mattia. Nosotros intentamos la prueba y nos ocurrió prácticamente lo mismo que a King, con la diferencia de que situamos un testigo —cosa que él no hizo— y el resultado final fue que en treinta y siete días la miel quedó prácticamente igual fuera que dentro de la pirámide. Si bien nuestra experiencia se desarrolló en unos días lluviosos de invierno, las condiciones eran las mismas para las dos muestras y la influencia de la pirámide debía notarse. Sobre 16 gramos de miel, la disminución en peso fue de 0,27 gramos en la pirámide, y de 0,3 gramos en el testigo. Creemos que estas cifras son suficientemente explícitas.

Entre las muchas cartas que hemos recibido con resultados de experiencias con la pirámide, tan sólo una de ellas, la de don Ángel Manzano García, de Puerto de la Luz (Las Palmas de Gran Canaria), nos habla de la miel y es para comentarnos que tampoco ha conseguido resultado alguno con la misma. Lo interesante de su larga carta (que desde aquí le agradecemos) es que todos los resultados de sus experiencias concuerdan con los nuestros, lo que nos garantiza la fiabilidad de sus afirmaciones sobre este tema.

Nuestra conclusión provisional es que la miel es un producto altamente higroscópico que difícilmente deja escapar el agua. Además hay que tener en cuenta que el proceso de solidificación de la misma nada tiene que ver con la deshidratación, sino que más bien la impide por su naturaleza. Todos sabemos que dejando la miel en un frasco herméticamente cerrado se solidifica por sí misma, recuperando el estado líquido con sólo calentarla al baño María. Esto nos demuestra que la solidificación de la miel es un proceso de cristalización en el cual las moléculas de miel incorporan a su estructura moléculas de agua que sólo pueden volver a ser desalojadas por el calor.

Antes de pasar al próximo capítulo, incluiremos, por su interés, resultados de diversos autores.

Verne Cameron en *El poder mágico de las pirámides*, de Toth y Nielsen

Material	Tiempo	Resultado
Carne semigrasa de cerdo	9 días	Momificación
Rodaja de sandía	Varios días	Momificación

Sin datos sobre pirámides ni pesos.

Joan Ann de Mattia en *El poder mágico de las pirámides*, de Toth y Nielsen

Material	Tiempo	Resultado
Miel líquida	5 días	Empieza a solidificarse
Miel líquida	7 semanas	Sólida
Rosa	5 días	Momificación
Manzana silvestre	3 meses	Momificación
Rodaja de manzana	6 a 8 semanas	Momificación
Hierbas	4 días	Momificación
Rodajas de hongos	6 a 8 semanas	Momificación

Sin datos sobre pirámides ni pesos.

Max Toth y Greg Nielsen en *El poder mágico de las pirámides*

Material	Tiempo	Resultado
Leche no pasteurizada	3 a 5 semanas	Requesón

Sin datos sobre pirámides ni pesos.

Jean Martial en *La Radiesthésie et les énergies inconnues*

Material	Altura pirámide	Peso inicial en gramos	Días	Peso final en gramos	Porcentaje de deshidratación
Huevo con cáscara	15 cm	52	43	17	67
Huevo sin cáscara	15 cm	33	19	15	54
Vientre de ternera	15 cm	33	9	10	70
Traquearteria de cordero	15 cm	23	6	6	74
Cerebro de cordero	15 cm	93	49	33	64
Pescado sin limpiar	15 cm	35	13	10	71

La tasa promedio de desecación se establece en el 66 por 100.
El tiempo promedio se establece en tres semanas.

Bill Schul y Ed Pettit en *The Secret Power of Pyramids*

Material	Altura pirámide	Peso inicial en gramos	Días	Peso final en gramos
Huevo fresco con cáscara	15 cm	51	60	19
Huevo fresco sin cáscara	15 cm	34	19	18
Hígado fresco de ternera	15 cm	45	20	18
Pescado fresco	15 cm	45	15	14
Lomo de vaca	15 cm	245	40	97
Tomate	180 cm	198	60	6,6
Uvas	180 cm	390	35	92
Uvas	180 cm	390	50	6
Leche	—	—	6	yogur
Leche	—	—	60	queso

4

Experiencias con las plantas

Si cuando hablábamos de la momificación lamentábamos la falta de un criterio uniforme de estudio, lo mismo debemos decir en lo que a trabajos con plantas se refiere. Todos los autores se extienden en relatar cómo la pirámide actúa positivamente sobre las plantas y las semillas, pero los datos que nos facilitan son subjetivos y, salvo raras excepciones, carentes de elementos concretos que nos permitan comprender realmente lo que ocurre y el grado de efectividad de la pirámide sobre las mismas.

Todos los autores coinciden en afirmar que las semillas tratadas con la pirámide germinan antes produciendo plantas más sanas y robustas. Sin embargo, cuando se trata de saber cuánto tiempo deben permanecer en la pirámide antes de plantarlas, nos encontramos con cifras que varían de las veinticuatro horas, según King, hasta el mínimo de dos semanas, que propone Toth. De todos modos, la importancia del tiempo es secundaria en este caso, ya que hemos comprobado que la permanencia excesiva de las semillas en la pirámide no es perjudicial, sino todo lo contrario. Incluso las semillas tratadas hasta la deshidratación completa germinan igual que las no tratadas. Luego, en el peor de los casos, tan sólo se produce una pérdida de tiempo.

La situación es muy distinta en el caso del crecimiento de las plantas dentro de la pirámide. Aquí el tiempo tiene verdadera importancia, como lo demuestran resultados tan dispares como los obtenidos, que oscilan entre las mejorías notables y los fracasos absolutos. Por nuestra parte hemos de reconocer que nuestras investigaciones no están concluidas ni mucho menos, ya que en una ciudad es muy difícil disponer del lugar adecuado para tales experiencias. En las primeras pruebas que realizamos, las diferencias de crecimiento que conseguimos repetidas veces eran pequeñas aunque significativas. Observamos que en plantas delicadas los resultados eran muy irregulares, mientras que con plantas fuertes —judías por ejemplo— los resultados eran siempre consistentes, aunque las diferencias, como hemos dicho, eran relativamente pequeñas.

Al disponer últimamente del espacio preciso, hemos podido confirmar que la pirámide no sólo actúa en su interior, sino también a su alrededor, es decir, que existen dos campos: uno potente en el interior, y otro más débil o distinto fuera. Este último es el que actúa sobre los testigos situados en las inmediaciones de la pirámide. En las pruebas realizadas con una pirámide de 75 cm de altura pudimos comprobar la necesidad de situar los testigos a un mínimo de tres metros de la pirámide; incluso en este caso hay que evitar que los testigos estén alineados con las diagonales de la misma. Únicamente de esta forma se evita la influencia externa de la pirámide, y desde que lo hacemos así empezamos a obtener resultados satisfactorios.

Al llegar a este punto, hemos de aclarar que en las experiencias de momificación sucede lo mismo, y que en casos como los analizados en el capítulo anterior, la momificación del testigo se produce por la influencia externa de la pirámide. En aquel caso concreto y aunque las diferencias entre testigo y pirámide fueran menores de las habituales, nos interesaba que no se estropease para efectos comparativos.

Volviendo a las plantas, por el momento podemos garantizar las afirmaciones de Schul y Pettit, en el sentido de que si se dejan crecer las plantas un par de semanas dentro de la pirámide (téngase en cuenta que hablamos de plantas robustas) antes de trasplantarlas a su emplazamiento definitivo, no sólo su crecimiento es superior al normal en este lapso, sino que luego se desarrollan más altas y robustas.

A continuación recogemos los resultados de Schul y Pettit, que son los únicos que hasta la fecha han realizado experiencias serias en este campo, facilitando además datos concretos de las mismas. Por nuestra parte nos encontramos en pleno desarrollo de la investigación, lo que nos impide, por el momento, suministrar resultados completos.

Schul y Pettit iniciaron sus trabajos observando el crecimiento en la pirámide de las semillas de girasol. Desde los primeros momentos pudieron comprobar que las plantas crecían mejor. Cuando éstas alcanzaron unos 15 cm de altura empezaron a moverse de un modo curioso, lo que indujo a los investigadores a tomar fotografías en cortos y regulares intervalos de tiempo. Las fotografías revelaron que las plantas giraban sobre sí mismas.

Según las descripciones de Schul y Pettit y las películas que se conservan, la planta se curvaba hacia el este hasta casi tocar su base, describía luego un semicírculo hacia el sur y el oeste, y allí se alzaba de nuevo recuperando su primitiva posición erecta. Este proceso duraba dos horas aproximadamente (1 hora 50 minutos), para luego reiniciar la danza.

Desde el otoño de 1971 hasta julio de 1974, el movimiento de este a oeste jamás se alteró; entonces, de pronto, las plantas interrumpieron su baile durante unos días, para volver a danzar del mismo modo, pero ahora en dirección norte-sur. Después de unas semanas, las plantas se detuvieron de nuevo y, desde entonces hasta finales de 1975, en que estos resultados fueron comunicados, las plantas permanecen inmóviles. En las plantas-testigo no se registró prácticamente ningún movimiento.

Schul y Pettit no se limitaron a esta prueba. Realizaron también experiencias con tomateras, consiguiendo resultados tan sorprendentes como que tras dos semanas de tratamiento bajo pirámide la planta alcanzara los 2,70 m de altura y una sola de ellas proporcionara cosechas de cien tomates a la vez. En cambio, comprobaron que si sembraban la tomatera en el suelo que había servido mucho tiempo de base a una pirámide, la planta moría siempre.

Para medir las diferencias de crecimiento en diversos lugares de la pirámide realizaron una nueva experiencia.

Dispusieron cincuenta semillas de girasol sobre papel secante doblado, que humedecieron y colocaron en tarros de boca ancha cubiertos con papel húmedo para conservar la humedad y permitir al mismo tiempo el paso del aire.

Dejaron germinar las simientes hasta conseguir brotes de 9 mm que trasplantaron a potes de plástico de 32 mm llenos de tierra común. Colgaron los potes en diversos lugares de una pirámide de 1,80 m de altura, según un plano que se extendía a través de la pirámide, como puede verse en el dibujo adjunto (figura 4); aseguraron una temperatura homogénea en la pirámide mediante ventiladores situados a tres metros de cada una de las caras de la pirámide. Asimismo, abrieron un respiradero de 25 cm en el vértice de la pirámide.

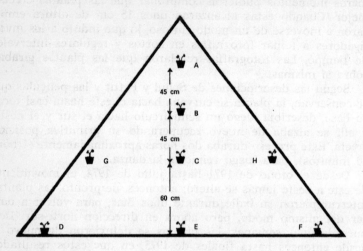

FIG. 4. Colocación de las plantas en el experimento de Schul y Pettit.

Cada una de las plantitas fue regada con 5 gramos de agua al plantarla, y luego, cada día a las ocho de la mañana, recibió la misma cantidad de agua mientras duró la experiencia.

El crecimiento de las plantas queda registrado en la tabla 4.

Tabla 4. Crecimiento comparado de las plantas de girasol en el experimento de Schul y Pettit. (Tamaños expresados en milímetros.)

Inicio	Día 1	Día 2	Día 3	Día 4	Día 5
A = 9	37	60	103	141	184
B = 9	24	25	29	48	63
C = 9	33	35	48	56	81
D = 9	24	25	27	35	51
E = 9	25	27	30	35	48
F = 9	14	19	29	32	48
G = 9	11	32	44	54	73
H = 9	13	16	30	63	78

Su conclusión es que el mejor lugar de la pirámide no es la Cámara del Rey, sino el punto más alto, bajo el vértice, mientras que los peores resultados se dan a ras de suelo. Esto confirmaría —dicen— la teoría según la cual la energía fluye hacia la cúspide y por fuera del vértice de la pirámide.

Nosotros no opinamos lo mismo, ya que en este caso, el máximo crecimiento debería ser el de la planta A, luego el de la B, y por último el de la C, seguidas a mucha distancia por las demás. Pero si observamos los resultados, veremos que la planta B creció menos que la C, e incluso que las plantas G y H, por lo que la energía debería dar un rodeo soslayando la planta B, lo que carece de toda lógica.

Además, en las experiencias con la leche relatadas en el capítulo anterior, vimos que el punto más alto sólo la conservaba, sin actuar sobre la misma. En aquel caso la acción era mayor en la Cámara del Rey y disminuía progresivamente hasta la cúspide.

Lo que sí podemos observar, es la existencia de un plano de máxima acción paralelo a la base y situado a la altura de la Cámara del Rey. También hemos de tener en cuenta que la planta A se halla frente al respiradero, lo que puede crear una corriente de aire y humedad convergente hacia este punto que altere las cosas. Sea éste el caso, o se trate de una semilla extraordinaria —ya que un crecimiento superior al doble de las demás es inconcebible por causas normales— debemos creer que el mejor sitio sigue siendo el tradicional.

También echamos en falta en este experimento la existencia de testigos y, por si fuera poco, los lugares sometidos a examen son parciales por corresponder a un solo plano en vez de estar repartidos por toda la pirámide. Con todo, hay que conceder un extraordinario interés al experimento, que intentaremos desarrollar cuanto antes introduciendo las modificaciones indicadas.

El más serio experimento sobre plantas fue realizado durante el otoño de 1975 por Jack Dyer en el Central State College de Edmund, Oklahoma, y nos lo relatan también Schul y Pettit.

Jack Dyer escogió sesenta habas híbridas de jardín y las hizo germinar juntas en una bandeja; dos días más tarde y sin seleccionarlas las trasladó a recipientes idénticos con un compuesto de vermiculita regándolas con cantidades medidas de agua.

Con ayuda de un computador se diseñaron tres formas que tuviesen exactamente el mismo volumen: pirámide, prisma equilátero y paralelepípedo. Se construyeron cinco cajas de vidrio de cada forma y a cada una de ellas se destinaron tres recipientes de semillas. Otros quince recipientes, reservados como control, se alinearon, sin colocarlos en cajas, en el mismo estante y en idénticas condiciones que las demás para su crecimiento. Todas las plantas fueron expuestas dieciséis horas diarias a la luz fluorescente «Gro-lite».

Diariamente se seleccionó mediante el computador el lugar de colocación de las cajas para que al finalizar la experiencia cada una de las plantas hubiera recibido exactamente el mismo tratamiento en lo que se refiere a luz, calor, circulación de aire y demás.

Para completar la experiencia, una caja de cada forma, con tres semillas cada una, fue colocada al lado de una ventana, lo mismo que otra semilla de control.

Las plantas se cultivaron del 29 de noviembre al 9 de diciembre, y la tasa de crecimiento se midió en milésimas de pulgada con un micrómetro, teniendo en cuenta la altura de la planta y el diámetro del tallo. La tabla 5 muestra la tasa de crecimiento de cada planta de los cuatro grupos, la tasa media de crecimiento y el crecimiento total para todas las plantas de cada grupo.

Tabla 5. Experimento de Jack Dyer sobre el crecimiento de las plantas. (Medidas expresadas en milímetros.)

Planta	Control	Paralelepípedo	Prisma	Pirámide
1	105,1052	95,1484	144,1958	145,5928
2	89,8906	102,6414	115,0112	188,8490
3	56,4642	107,7214	97,2566	143,9672
4	128,3970	147,9804	163,6776	186,8932
5	148,6916	140,8684	140,7414	166,0652
6	29,2354	70,2056	176,5300	184,2008
7	165,8874	161,2900	199,1868	168,9862
8	153,2128	130,5306	90,1700	112,9538
9	134,6454	18,7960	108,0262	161,5440
10	145,6690	168,5290	110,2614	156,0576
11	130,6322	158,6230	145,6690	130,8100
12	66,7512	104,8004	38,8366	143,6116
13	125,2728	130,7084	185,6232	156,2100
14	105,2322	33,6296	94,9706	117,3988
15	0,0254	83,6676	80,0100	113,5380
Crecimiento total	1585,1124	1655,1402	1890,1664	2276,6782
Frecuencia media	105,6742	110,3427	126,0112	151,7785

Como podemos ver, las plantas de la pirámide sobrepasan ampliamente en crecimiento a todas las demás, luego siguen las del prisma, en tercer lugar las del paralelepípedo y por fin las de control.

Las muestras colocadas en la ventana crecieron mucho más lentamente, lo que es comprensible, ya que apenas estuvieron expuestas a la luz solar, que es de corta duración en esta época del año.

Al pesar las plantas, Dyer descubrió un hecho muy curioso. Todavía verdes, las que más pesaron fueron las de la pirámide, lo que es lógico, pero después de desecarlas en un secador de hierbas, las plantas de la pirámide eran las que menos pesaban, y las del control que antes eran las más ligeras, eran ahora las más pesadas.

Ésta es la experiencia tal y como la relata Dyer. Veamos a continuación algunos comentarios.

En primer lugar creemos mucho mejor el método de Schul y Pettit para la selección de las plantas, ya que disponiendo de más semillas de las necesarias, pueden seleccionarse para la prueba todas aquellas que han alcanzado un crecimiento idéntico en sus primeros días, 9 ó 10 mm por ejemplo; de esta manera los resultados serán siempre más homogéneos y tendremos la seguridad de que no existen plantas fallidas, como la decimoquinta de control en el experimento de Dyer, y si existe alguna de pobre desarrollo tendremos que buscar la causa por otro lado, habiendo eliminado una variante. En la tabla 5 puede comprobarse fácilmente que si la planta número 15 hubiese tenido un desarrollo similar a las demás de su grupo, el crecimiento promedio de las plantas de control habría sido igual o superior al de las del paralelepípedo.

El segundo punto se refiere al sorprendente resultado final del peso de las plantas de la pirámide. A nuestro entender se imponía su incineración para comprobar si la pérdida de peso en la desecación (cuya cuantía no se menciona) era debida tan sólo a un mayor contenido en agua y materias volátiles, o, como es lo más lógico suponer, se había producido a causa de una menor fijación de sales minerales.

Esto es muy importante, ya que todos los autores sugieren la construcción de invernaderos en forma de pirámide, cosa que creemos todavía muy prematura dado el enorme cúmulo de factores a tener en cuenta, y, en especial, la pirámide disminuye la fijación de las sales minerales. En este caso sería totalmente desaconsejable la construcción de invernaderos piramidales para el mantenimiento constante de las plantas en su interior, y sólo sería aconsejable la construcción de pirámides anexas a los mismos para los planteles, caso en el que la eficacia ha quedado suficientemente demostrada.

También antes de lanzarse a una inversión, problemática como vemos, debería estudiarse detenidamente el comportamiento de las diversas especies de plantas bajo pirámide, para ver cuáles son las que pueden ser tratadas, ya que como hemos dicho antes, las plantas débiles (la verbena por ejemplo) son muy irregulares en sus resultados, y según datos que tenemos, los hongos no prosperan nunca.

Habiéndose comprobado que si colgamos una pirámide sobre una planta débil o enferma, ésta evoluciona favorablemente, y que los mejores efectos se logran con pirámides cerradas (pero sin base), también deberían realizarse más experiencias de este tipo sobre variedades de plantas delicadas que no resisten el tratamiento dentro de la pirámide, quizá por un exceso en el campo energético de la misma.

Otra de las pruebas a realizar es el aprovechamiento del campo energético exterior de la pirámide, colocando algunas de pequeño tamaño entre las plantas para ver lo que ocurre.

Por último mencionaremos que Toth y Nielsen citan el empleo de la pirámide para favorecer el arraigo de esquejes, para lo cual basta colocarlos en un recipiente con agua dentro de la pirámide, consiguiéndose en breve tiempo considerable número de raíces, con lo que pueden plantarse sin más en su emplazamiento definitivo.

Como puede verse, estamos tan sólo en los inicios de un prometedor futuro: la aplicación de la pirámide para mejor aprovechar los beneficios de la agricultura.

5

Las pirámides y la salud

Mientras realizábamos las experiencias de los capítulos anteriores, decidimos construir una pirámide de 1,80 m de altura para comprobar por nosotros mismos cuánto hay de verdad en lo que se afirma de los efectos de la pirámide en la persona.

Cuando el primero de nosotros se sentó en el interior de la pirámide y vio que transcurridos unos minutos no ocurría nada se sintió ligeramente decepcionado. Sin embargo, algo después, empezó a darse cuenta de lo bien que se sentía en aquel limitado espacio, cuando, por lo habitual, no resistía permanecer en lugares pequeños y cerrados. Esto nos hizo comprender que era la especial estructura de la pirámide lo que proporcionaba la paz y la tranquilidad, la sensación de bienestar, *a pesar de lo limitado del espacio*. Conforme pasaban los minutos, más evidentes se hacían estas sensaciones, mayor era la claridad mental, y menor el deseo de abandonar la pirámide.

Repetida la experiencia por el segundo de nosotros, las conclusiones fueron similares. Comentado el caso, llegamos a la conclusión que de no haber estado tan alertas a los posibles resultados de la permanencia en el interior de la pirámide, tal vez no hubiéramos alcanzado a percibir nada en absoluto. Quizá todo ello no fuera, pensamos, más que la sugestión de una nueva experiencia precedida por relatos de maravillas. En nuestro caso, las maravillas se habían limitado a una sensación de relajamiento, ¡pero era real!

Invitamos a algunos amigos a entrar en la pirámide, sin explicaciones previas. Los resultados fueron diversos: algunos no notaron nada, otros —la mayoría— percibieron lo mismo que nosotros, y hubo uno que nos dijo haber sentido una sensación de fuerza y un hormigueo por todo el cuerpo «como si me atravesara una débil corriente eléctrica».

Hemos permanecido frecuentemente en la pirámide y siempre ha ocurrido lo mismo: la tensión y el nerviosismo no tardan en desaparecer y se genera un estado de relajación y bienestar que se hace más y más duradero una vez abandonada la pirámide. Si no hubiera nada más, tan sólo con esto podríamos darnos por satisfechos y concluir que los beneficios que reporta la pirámide compensan sobradamente el trabajo de su construcción.

Pero hay mucho más. La pirámide no sólo es un calmante del sistema nervioso sino también de toda clase de dolores; los de cabeza desaparecen por completo permaneciendo media hora o menos en la pirámide e incluso fuertes neuralgias y dolores reumáticos desaparecen o se alivian considerablemente.

Se nos objetará que aliviar un dolor no es eliminar la causa del mismo, que un analgésico no cura. Pero el caso de la pirámide es distinto, ya que hemos comprobado que golpes, contusiones, esguinces y heridas, no sólo se alivian con rapidez, sino que en el caso de estas últimas, dejan de sangrar antes, y su curación es mucho más rápida (menos de la mitad del tiempo normal).

Corroborando nuestras experiencias personales, hemos recibido una enorme cantidad de testimonios de curación de las más diversas enfermedades, algunas de las cuales no habían encontrado alivio en ninguna terapia. A fuer de sinceros, sin embargo, debemos mantener ciertas reservas en lo relativo a las curaciones. No en vano fe y sugestión desempeñan un importante papel en las curaciones «milagrosas». Con todo, algo hay en la pirámide que precisa de una investigación seria hecha por profesionales de la medicina.

En último término, si no queremos asegurar rotundamente que la pirámide cura, podemos afirmar que al menos alivia y acelera el proceso de curación. En pocas palabras, la acción de la pirámide consistiría en generar y suministrar al cuerpo la suficiente energía y vitalidad para que éste incremente sus defensas contra la enfermedad de un modo tan extraordinario que consiga dominarla incluso en casos en que normalmente no sería posible, y lo haga mucho antes de lo normal en los casos benignos.

También debemos tener en cuenta el importante papel que la tensión y la ansiedad juegan en gran cantidad de enfermedades como la hipertensión, el insomnio, las enfermedades nerviosas, etc., por lo que al ser la pirámide un poderoso tranquilizante no podemos por menos que encontrar lógicos los testimonios que recibimos sobre las curaciones de estas enfermedades.

En lo relativo al insomnio podemos atestiguar la eficacia de la pirámide, así como lo benéfico que resulta dormir en una de ellas. Aun así nos parecen exageradas las afirmaciones que hemos leído de que noventa minutos de sueño en una pirámide son más efectivos que el descanso normal de una noche. Nuestra experiencia nos indica que no se trata de dormir menos, sino de descansar mejor; quizá con el tiempo se consiga disminuir progresivamente el tiempo de sueño, pero esto es algo que por el momento no nos atrevemos a afirmar.

Antes de proseguir debemos detenernos unos instantes en la forma de proceder en la curación por pirámide, un tema del que se ha hablado mucho, pero que a nuestro entender sigue siendo poco claro y puede originar sorpresas desagradables.

No todo el mundo puede construirse en casa una pirámide lo bastante grande para dormir en ella, o al menos para permanecer dentro de la misma. (Una pirámide así debe tener 1,80 m de altura y ocupa prácticamente toda una habitación.) En este caso quedan dos soluciones: 1) colocarse una pirámide encima, y 2) colocársela debajo.

Recomendamos siempre el primer método. Para ponerlo en práctica, nos bastará disponer de una pirámide en cartón de 30 cm de altura, fácil de construir. En su empleo pueden darse varios supuestos. A saber:

Tratamiento de una parte reducida del cuerpo (brazo, por ejemplo): Es suficiente con practicar las aberturas adecuadas en dos caras laterales opuestas de la pirámide, y, una vez orientada ésta, introducir el brazo descansándolo en la base de la pirámide y situando el punto afectado bajo el vértice de la misma.

Tratamiento de una área extensa (estómago, por ejemplo): En este caso el paciente deberá tumbarse con la cabeza apuntando al norte y los pies al sur. La pirámide, colocada sobre un soporte (una mesita o una bandeja con patas pueden servir), se situará sobre la parte afectada una vez orientada convenientemente.

Tratamiento de afecciones generales: La pirámide se suspenderá del techo procurando que el paciente, sentado o tendido, quede cubierto totalmente por la prolongación imaginaria de la pirámide. La mayor efectividad se logrará orientándose el paciente de acuerdo con el eje norte-sur.

Desaconsejamos, por el momento, situar la pirámide debajo del sillón o de la cama, ya que, si bien nos han llegado testimonios favorables, también tenemos noticia de resultados desagradables, aunque no graves. Por lo general, éstos se limitan a dolores agudos o molestias que desaparecen al quitar la pirámide.

También conocemos varios casos en los que dormir con una pirámide bajo la cama ha dado buen resultado las primeras noches, y, sin embargo, al cabo de unos cuantos días, las consecuencias han variado radicalmente, registrándose una sobreexcitación nerviosa insoportable. En un caso concreto, un amigo que dispuso siete pirámides de 15 cm bajo la cama (para energizar los chakras, nos dijo), despertó a media noche medio histérico a pesar de ser una persona reposada y tranquila.

Al parecer, la pirámide genera campos de energía distintos en su interior y encima del vértice, y si bien los interiores que parecen prolongarse por debajo —aunque más débiles— son siempre benéficos, en cambio los emanados del vértice parecen ser a veces más peligrosos.

Quienes hayan practicado la radiestesia, pueden hacer la siguiente prueba: se coloca una pirámide sobre una mesa, orientándola convenientemente, y luego se abre. Si se comprueba el movimiento del péndulo sobre la base, se verá que gira en determinada dirección (supongamos en el sentido de las agujas del reloj, esto siempre es personal); si luego cerramos la pirámide, podrá comprobarse que sobre su vértice el péndulo gira en sentido contrario. Si vamos elevando el péndulo sobre el vértice, comprobaremos que al llegar a una altura equivalente a la de la pirámide vuelve a cambiar la dirección del giro, y esto se repite cada vez que llegamos a una altura múltiplo de la de la pirámide (figura 5).

Esta simple experiencia indica que si debajo de la pirámide

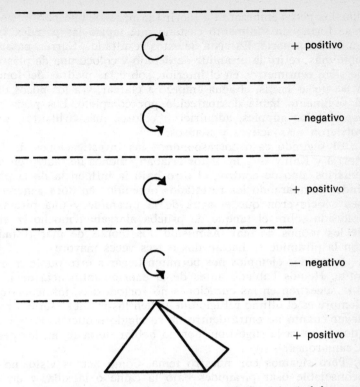

FIG. 5. Comprobación de campos por medio del péndulo.

el signo de la energía es positivo, encima del vértice parece estar estratificada en capas alternas de signos contrarios, cada una de las cuales corresponde a la altura de la pirámide. Nos aventuramos a sugerir que según a qué altura sobre el vértice se sitúe la persona, le corresponderá una energía del mismo signo o de signo contrario al de la pirámide. Los efectos desagradables que pueden producirse serían pues debidos a la permanencia en una de estas capas de signo contrario al de la pirámide.

Como ilustración de los efectos contrarios de la pirámide según su situación, citaremos dos casos relacionados entre sí por un objetivo común: el acuario.

Tom Garret, de Oklahoma City, colocó una pirámide de 15 cm de altura debajo de su acuario de peces tropicales. A los diez días los peces empezaron a morir (en poco tiempo perdió siete) y se formó un sedimento castaño que tapizó las paredes y el fondo del acuario. En vista de estos resultados, Garret, pasados siete días, retiró la pirámide de debajo y colocó una de plástico de siete centímetros en el interior, sobre las piedras del fondo. A las pocas horas, el agua empezó a clarear, y a los pocos días el sedimento había desaparecido por completo. Los peces, en especial los guppies, adquirieron colores más brillantes, y se volvieron más activos y mansos.

El segundo caso corresponde a las investigaciones de Bill Kerrel y Kathy Goggin. Éstos criaban «monos de mar»[1] en dos acuarios, uno de control, el otro bajo la influencia de la pirámide. Comparando los resultados obtenidos en doce generaciones concluyeron que el agua de la pirámide y una pirámide colocada sobre el tanque de prueba alargaban mucho la vida de los monos de mar. Asimismo, los monos de mar tratados con la pirámide se hacían dos o tres veces mayores.

Estos dos ejemplos nos permiten llegar a otro punto importante. Hemos hablado antes de la enorme influencia de la fe y la sugestión en las curaciones no «ortodoxas», influencia que siempre es el último refugio que tienen los medios «serios» para negar cuanto no entra dentro de su rígido esquema. Pues bien, ¿dónde entra la sugestión, por no hablar de la fe, en los peces y camarones?

Pero sigamos con nuestro tema. Como hemos visto, no es aconsejable usar pirámides bajo la cama o la silla, y de hacerse —ya hemos dicho que poseemos testimonios que demuestran su efectividad— deben tomarse precauciones y medir cuidadosamente los tiempos de exposición. En este caso, ¿dónde queda el efecto afrodisíaco de la pirámide de que nos habla Joan Ann de Mattia y que citamos en el segundo capítulo?

Conocemos abundantes casos en los que el empleo de la pirámide ha actuado positivamente sobre el impulso sexual, pero también podríamos citar otros en los que la influencia ha sido nula o negativa, llegándose a producir molestias. Dos son los factores que, a nuestro entender, pueden dar razón de esta disparidad. Por un lado, la sensibilidad personal de cada usuario y, por otro, la distancia que medie entre éste y la pirámide. Lo que sí estamos en condiciones de afirmar es que, usada correctamente (es decir, colocándose debajo o dentro de la misma),

---

1. La artemia salina, a la que los americanos llaman "mono de mar", es un pequeño crustáceo parecido al camarón que vive en los lagos salados. Los aficionados a la cría de peces tropicales la utilizan como alimento para los mismos.

la pirámide produce un incremento de salud y energía a todos los niveles. Luego, aun sin ser específico, se producirá también un incremento del vigor sexual.

Otro tema que citan todos los autores, aunque contradictoriamente, es el de la obesidad. Al parecer muchas personas pierden peso tras permanecer algún tiempo en la pirámide; también se da el caso inverso de personas delgadas que ganan peso. El factor común a todos los casos es el deseo de que ello ocurra.

De tal contradicción aparente sólo nos cabe hacer una deducción: la pirámide no es una cura de la obesidad, sino un equilibrador. Si su energía refuerza las defensas del organismo contra la enfermedad, lógico es creer que ayuda a mantener la salud en todos sus aspectos, y tanto la obesidad como la excesiva delgadez no son en el fondo más que desequilibrios funcionales, y como tales susceptibles de corrección.

Otro caso de interés mencionado por Schul y Pettit en su último libro, es el efecto de la pirámide sobre los drogadictos.

«No son pocos los jóvenes que nos han visitado, telefoneado y escrito —dicen Schul y Pettit— comunicándonos que después que empezaron a pasar algún tiempo dentro de la pirámide perdieron su interés por las drogas. "Yo no las abandoné, fueron ellas las que me abandonaron", es una declaración típica y parece indicar que el cambio se produce sin necesidad de forzarlo. Es clara la existencia de un sentimiento inconsciente de dejar la droga, pero la mayoría de los jóvenes con quien hablamos afirman que no tenían intención de abandonar sus clímax químicos por la permanencia en la pirámide. Ésta era apenas un complemento.»

Un estudiante de Galveston, Texas, de diecisiete años, escribe:

«Intenté varias veces el LSD pero tenía interrupciones en mis sueños y no me gustaba. Lo abandoné y me dediqué más seriamente a la marihuana por más de un año. Leí su libro *El poder secreto de las pirámides* y resolví construir una. La coloqué en mi cuarto y pasé a dormir allí, pero luego el efecto empezaba a desaparecer. Comprobé entonces que no conseguía alcanzar la cima de mis sueños, pero descubrí que no lo necesitaba. Parecía sentirme mejor así, casi en la cima, dentro de la pirámide. Y ahora tengo dinero para otras cosas.»

Por último hay un extremo que consideramos muy importante. Stark dice en su libro que tiene un problema sanguíneo que le obliga a someterse a análisis periódicos. Durante una temporada en que no se hallaba en tratamiento, sufrió un cambio radical en su imagen sanguínea que su hematólogo se vio incapaz de explicar. Justo antes del análisis había estado un largo período bajo la pirámide.

Shul y Pettit también decidieron realizar pruebas de tipo médico con la pirámide. Para ello construyeron una pirámide de cinco metros de altura frente a la casa de Pettit, donde llevaron a cabo pruebas con una cámara Kirlian, con el resultado positivo de un gran incremento del aura después de la permanencia en la pirámide. Las pruebas se realizaron con cuatro personas: dos hombres, Schul y Pettit, y dos mujeres, Brenda Scott y Lowanda Cady, asistentes del doctor Riordan que dirigió el experimento. Los sujetos eran sometidos a controles de temperatura y análisis de sangre antes y después de permanecer quince minutos en la pirámide. Los resultados, que no reproducimos aquí por ser muy extensos, fueron desconcertantes. Si bien en todos los casos se registraron notables diferencias, éstas fueron distintas para cada persona y contradictorias entre sí. Ello hace que no pueda extraerse ninguna conclusión válida. Sin embargo, el mero hecho de haber comprobado la existencia de tales variaciones reviste, a nuestro entender, una extraordinaria importancia: algo pasa aunque no podamos precisar de qué se trata. Desde aquí sugerimos a los médicos que se interesen por estos hechos y que, con más tiempo de permanencia en la pirámide, series de experimentos grandes, y controles rigurosos, intenten desentrañar el misterio. Desearíamos ardientemente que nuestra sugerencia encontrase acogida y algún día los resultados fueran hechos públicos.

Y para concluir este capítulo sólo nos resta un último consejo: quienes deseen comprobar los efectos curativos de la pirámide, que lo hagan con toda confianza si siguen las instrucciones que hemos dado, pero sobre todo no olviden que la pirámide es compatible con todos los demás tratamientos, de manera que no por ello dejen de acudir al médico —que es el único autorizado para medicarles— y, eso sí, ayúdenlo con la pirámide y diviértanse luego cuando él no sepa a qué atribuir la rapidez de su curación o incluso una curación inesperada.

6

El agua

Realizando las experiencias de momificación se nos ocurrió la perogrullada de que en ellas existían siempre dos constantes: la evaporación del agua y la no putrefacción de los alimentos.

La conclusión lógica era que si podíamos separar estos dos factores quizá lograríamos averiguar algo más sobre los mecanismos de acción de la pirámide. La putrefacción es imposible separarla del agua incluso investigando sobre cultivos de gérmenes, ya que es bien sabido que toda la materia viva contiene un elevado porcentaje de agua. Sólo nos quedaba una solución: estudiar el efecto de la pirámide sobre el agua.

Ante todo debemos aclarar que ya conocíamos las maravillas que se cuentan del agua tratada en la pirámide, de las que hablaremos más adelante, pero lo que ahora tratábamos de averiguar era algo muy distinto: se trataba de saber qué le ocurría al agua en sí desde el punto de vista de sus propiedades químicas y físicas.

Nuestro experimento consistió en realizar un test sobre la evaporación del agua. No por esperados los resultados fueron menos sorprendentes: el agua se evapora mucho más rápidamente bajo la pirámide que bajo un cubo o al aire libre. Esta experiencia la repetimos multitud de veces y siempre ocurrió lo mismo.

En una ocasión debimos ausentarnos por unos días y dejamos tranquilamente sobre la mesa los recipientes con el agua sobrante de una de estas experiencias. A nuestro regreso, comprobamos con estupor que uno de los recipientes estaba completamente seco mientras que los otros dos todavía contenían agua. Se trataba de pequeños recipientes (cápsulas de Petri) con poca cantidad de agua, y supusimos que el que estaba seco sería seguramente el sobrante de la experiencia con la pirámide, ya que éste era el que había quedado con menos agua; pero aun así esto no justificaba la diferencia.

Para proceder a la ratificación de nuestra hipótesis, colocamos en la pirámide un recipiente con agua durante quince días y luego dejamos sobre la mesa, sin ninguna protección, dos cubetas con la misma cantidad de agua, una con agua de la pirámide y la otra con agua del grifo. El resultado fue comprobar que el agua tratada seguía evaporándose más rápidamente que el agua común, aun después de retirada la pirámide. En la serie de pruebas que realizamos a continuación pudimos comprobar que, a pesar de las pequeñas diferencias que observamos en todas las experiencias con pirámides, el agua tratada siempre se evapora aproximadamente un 10 por 100 más que la no tratada.

¿Qué había cambiado en el agua para producir tal diferencia? Mandamos realizar análisis de las dos muestras de agua pero no revelaron la más mínima diferencia de composición química. Ése no era el camino.

Si la composición química no sufre alteración, entonces deben ser las constantes físicas las que son alteradas por la pirámide. En este caso, tiene que ser forzosamente la tensión superficial la que debe haber disminuido.

Esto es fácil de comprobar de una manera casera observando la caída de pequeñas gotas desde muy poca altura sobre la superficie inmóvil del agua. Para ello basta un vaso de agua y un cuentagotas fino, de modo que procedimos a realizar la prueba que nos pareció positiva, ya que las gotitas del agua tratada parecían disolverse antes que las del agua normal; pero como que esta diferencia era pequeña y no disponíamos de aparatos adecuados para efectuar las mediciones con seguridad, nos dispusimos antes de seguir adelante a estudiar teóricamente qué es y cómo se conduce el agua, para comprobar luego si varía algo y en este caso intentar medir las variaciones.

Y aquí sí que nos vimos metidos en un tema cuya complejidad jamás hubiéramos imaginado.

Porque el agua, que siempre se nos ha presentado como prototipo del fluido perfecto, hasta el extremo de haberse utilizado como modelo para establecer la mayoría de las constantes físicas, lo es todo menos un líquido constante y perfecto.

Para empezar, diremos que el agua no es un compuesto único químicamente, ya que si la sometemos a sucesivas destilaciones hasta dejarla «químicamente pura», obtenemos una mezcla de por lo menos dieciocho cuerpos compuestos, ya que existen tres hidrógenos isotópicos (hidrógeno, deuterio y tritio) y tres oxígenos (16, 17 y 18), cuyas combinaciones, el agua común (H_2O), el agua pesada (D_2O) y el agua superpesada (T_2O), son habituales en los laboratorios especializados, y el agua semipesada (DHO), más difícil de aislar, pero también suficientemente conocida.

Por último debemos citar que el profesor Deryagin, de la Universidad de Moscú, ha logrado aislar otra agua que, a pesar de su fórmula química igual a la del agua común, tiene una densidad un 40 por 100 superior, hierve por encima de los 200° C, no se evapora y no se hiela, a pesar de que a los 50° bajo cero se convierte en ligeramente vítrea. Su vapor puede ser calentado hasta los 800° C sin que al enfriarse se convierta en agua ordinaria.

El peso molecular del agua del profesor Deryagin es de 72, mientras que el del agua común es de 18, lo que indica que para dar origen a una molécula de la misma deben unirse íntimamente cuatro moléculas de agua ordinaria, cosa que si bien es posible a temperatura ordinaria, es inconcebible a 800° C, y va contra todas las leyes conocidas.

Citamos todo esto para demostrar la complejidad que representa el estudio del agua, a pesar de la simplicidad que a primera vista parece indicar su análisis químico.

Cuando nos hallamos en presencia de agua pura (la mezcla de las distintas aguas que la destilación nos ofrece), las complicaciones para su estudio siguen multiplicándose. Todas las constantes físicas son anormales, a pesar de que, como decíamos antes, muchas de ellas han sido tomadas como unidades. Veamos algunos ejemplos:

La temperatura de ebullición del agua sirve para señalar en nuestros termómetros el grado 100. Pues bien, si tomamos agua destilada y mediante ebullición prolongada a baja presión eliminamos todo el aire disuelto, y luego intentamos que vuelva a hervir, veremos que podemos llegar a los 180° C sin conseguirlo; pero cuidado, ¡la menor partícula de polvo que caiga en el agua durante el intento puede causar una terrorífica explosión!

Pero sigamos. Todos los tratados nos dicen que el hielo es más ligero que el agua; pues bien, en realidad existen seis formas alotrópicas de hielo, una sola de las cuales es la que nos describen los libros de texto. Las otras cinco son más pesadas que el agua...

Sabemos también que a 0° C el agua se convierte en hielo, pero lo que ya no se nos dice normalmente es que, siguiendo las leyes de la física molecular, el agua debería solidificarse a menos de 80° C bajo cero, y que, para soslayar esta dificultad, los científicos han tenido que llegar a la conclusión de que en el agua las moléculas no están libres, sino enlazadas entre sí, formando lo que se ha dado en llamar «poliagua», o sea agua polimerizada, en la cual la fuerza de unión entre las distintas moléculas, a pesar de ser veinte veces menor que la que une los átomos de las mismas, es suficiente para que dichas moléculas se hagan «pegajosas», se unan fácilmente entre sí y cueste separarlas. Esto explicaría la mayor cantidad de calor necesario para licuar el hielo, que lo hace de este modo a 0° C en lugar de los 80° C bajo cero en que debería hacerlo.

Otra curiosidad es que siendo el agua un pésimo electrolito, paradójicamente disuelve e ioniza a una enormidad de substancias, y gran número de las que no se disuelven pasan al estado coloidal, de tal modo que el agua, cuyo valor nutritivo es nulo, se convierte por este hecho en el constituyente principal de todos los seres vivos, y por decirlo así, en el alimento más indispensable, ya que se muere diez veces antes de sed que de hambre.

Pero no toda el agua que existe en los seres vivos se halla en un solo estado. Actúa como disolvente, pero también ligada a los coloides celulares en un estado muy especial.

Si bajamos la temperatura de un trozo de carne a 20° C e incluso a 60° C bajo cero, no toda el agua se transforma en hielo. Este fenómeno no se trata de una vulgar sobrefusión o de un descenso crioscópico debido a las sales que lleva disueltas, ya que para ello se precisaría una concentración salina muy superior a la que puede existir en los tejidos animales o vegetales. Por otra parte, si analizamos la curva de termolisis de diversas carnes, veremos que siempre se produce un punto de inflexión alrededor de los 62° C.

Todo ello nos demuestra la existencia de dos clases de agua en los tejidos vivos, una de ellas más fuertemente retenida que la otra y que no se separa ni durante la cocción ni la congelación. Esta clase especial de agua, a la que se llama agua fisiológica, es muy probable que forme complejos, o complejos de complejos moleculares con los constituyentes de las células.

¡Y éste es el punto clave de toda la cuestión! Esta capacidad del agua para polimerizarse, para formar uniones moleculares inestables, es la base de la vida. Podríamos decir con Duval que siendo líquida, es un líquido tan especial que todavía recuerda la forma cristalina del hielo del que proviene; que en realidad sigue siendo un intermedio entre los estados sólido y líquido, y que posee una estructura semicristalina extraordinariamente inestable que la hace sensible a influencias externas mínimas.

Ya en 1962 decía el profesor Piccardi: «Quizás incluso sean el agua y el sistema acuoso lo que permite a los organismos vivos reaccionar ante las fuerzas externas, porque la existencia de una estructura tan delicada y sensible permite suponer que, con medios apropiados, podría modificarse su misma estructura de infinitas maneras, y de esta forma podemos afirmar que el agua es sensible a influencias extremadamente delicadas y capaz de adaptarse a las más diversas circunstancias como ningún otro líquido puede hacerlo».

Resumiendo, podríamos decir que el agua, además de ser el elemento principal para la vida, es el más simple y eficaz catalizador que existe. En nuestra opinión, el agua, gracias a cambios estructurales, es capaz de acumular en sí misma la más mínima variación energética que se produzca en su entorno para cederla a su vez, también en otro de sus cambios. Y no olvidemos que la temperatura crítica de estabilización del agua es de 35 a 40º C. ¡Que casualmente es la temperatura media del cuerpo!

Y no es casualmente que hemos citado textualmente las palabras del profesor Piccardi para sentar estas conclusiones, sino porque creemos que por distintos caminos hemos llegado al mismo punto, no sólo teóricamente sino también en la práctica. Vamos a explicarnos.

El agua deja depósitos calcáreos en las calderas y utensilios que la contienen, y estos sedimentos llegan a afectar seriamente el funcionamiento de los mismos, por lo que se hace necesario proceder periódicamente a su eliminación. Para ello existen diversos métodos, pero el más eficaz consiste en añadir a las calderas un agua especialmente tratada o activada.

Volvamos a las palabras de Piccardi para describir este método: «Una redoma de cristal conteniendo una gota de mercurio y llena de neón a baja presión, se revuelve lentamente en el agua. Al agitar la redoma, el mercurio roza contra el cristal; la capa eléctrica entre el mercurio y el cristal se rompe produciendo una descarga luminiscente de color rojo a través del neón. El agua que está en contacto con el cristal queda activada».

Esta agua activada no sólo deja de producir depósitos calcáreos, sino que además disuelve las incrustaciones ya existentes que se desprenden en forma de fango.

Como puede verse ya tenemos otra agua «milagrosa». Pero, ¿son en realidad dos aguas distintas la activada por el método de Piccardi y la de la pirámide? Nuestra respuesta provisional (todavía no hemos podido disponer de agua activada para realizar pruebas con ella) es que se trata de la misma clase de agua. Nuestras experiencias con agua de la pirámide nos han demostrado que haciéndola hervir en un recipiente en el que había incrustaciones de cal, éstas desaparecían. Para tener una seguridad total sería conveniente realizar la prueba en una caldera industrial, así como disponer de agua activada para comprobar si, al igual que el agua de la pirámide, es capaz de producir efectos sobre las plantas y seres vivos en general.

Posteriormente tuvimos conocimiento de los trabajos de Schul y Pettit y nos vimos gratamente sorprendidos al comprobar que sus apreciaciones sobre las propiedades físicas del agua eran semejantes a las nuestras. Aun así, y a pesar de referirse también a los trabajos de Piccardi, estos investigadores presentan conclusiones distintas a las nuestras. Influidos tal vez por los resultados de los análisis de sangre que hemos mencionado en el capítulo anterior, y al detectar en los análisis químicos del agua leves diferencias en el contenido de cobre y zinc, Schul y Pettit sugieren que la pirámide es capaz de disminuir el contenido de estos metales en el agua y a partir de ello se lanzan a una serie de disquisiciones sobre la alquimia de los seres vivos. Debemos disculpar tal error, casi inevitable cuando los no profesionales trabajamos en una recolección de muestras en la que trazas infinitesimales de algún elemento pueden quedar en un frasco que suponemos perfectamente limpio.

También Stark hace analizar el agua, pero sus resultados revelan un gran aumento de nitritos en el agua tratada, de tal modo que un agua milagrosa y de cualidades terapéuticas resulta ser químicamente un agua no potable, radicalmente impropia para el consumo. Francamente, pediríamos a Stark un

Experimentos de momificación. Efecto comparado de la pirámide y el cubo, con utilización de testigo.

A la izquierda, gajo de naranja momificado en la pirámide. A la derecha, gajo estropeado tras su permanencia en el cubo durante el mismo período.

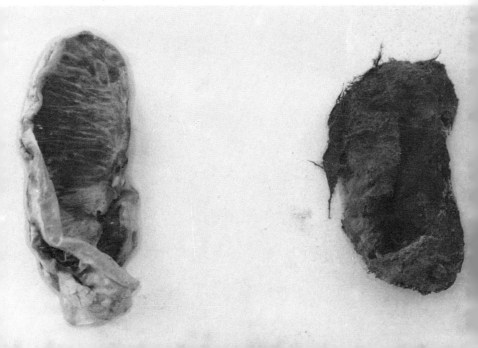

Dos experiencias de crecimiento con plantas. En la segunda (fotografía inferior) obsérvese la diferencia de crecimiento, muy superior en la planta tratada en la pirámide.

Carga energética de platos de aluminio.

Carga energética de un bidón de agua.

Experimentos de curación. Fotografía superior, tratamiento del reumatismo de rodilla. Fotografía inferior, tratamiento de una luxación de muñeca.

Experiencia de radióni-
ca con pirámide.

Pila piramidal de cinco
elementos.

Meditación bajo pirámide suspendida.

Los libros del Feng Shui nos describen cómo en los lugares abruptos las energías fluyen rápidas y violentas; en estos parajes moran los míticos inmortales.

Efecto relámpago observado en la cara sur de la pirámide de Keops (superior). Fotografía aérea tomada a las 18 horas (tiempo de la pirámide) en el momento del equinoccio.

poco más de cuidado y que limpiase los frascos aunque sólo fuera alguna que otra vez...

Otra cosa que nos interesó grandemente en la obra de Schul y Pettit, es su cita de un artículo del doctor E. H. Frei, jefe del departamento de electrónica del Instituto Weizmann, aparecido en el «Bulletin of the Atomic Scientist» de octubre de 1972, titulado *Aplicaciones médicas del magnetismo* y que reproducimos por su interés:

«Labes sugirió que los campos magnéticos pueden influir en los procesos vitales a través de los cristales líquidos, que son fases intermedias entre los estados líquido y sólido, y que se hallan en muchos compuestos orgánicos. Existe en ellos apreciable orientación en algunas direcciones, pero también libertad de movimientos. Es bien conocido que muchos cristales líquidos se orientan en campos de 1.000 gauss, y Svedverg ha demostrado que tales sistemas orientados pueden tener señalada importancia en la difusión de las tasas de las reacciones químicas en los campos magnéticos. Existen en los cuerpos vivos cristales líquidos y materias que se aproximan a los mismos, a través de los cuales la tasa de los procesos vitales puede ser influida.»

Este artículo, que nosotros desconocíamos, corrobora cuanto habíamos deducido anteriormente. Asimismo, la afirmación de la acción que el magnetismo ejerce en dichas estructuras inestables es un dato más a tener en cuenta en la acción de la pirámide sobre el agua y los seres vivos.

Pasando al terreno práctico —que es el que interesa— debemos puntualizar cuándo debe considerarse que el agua está suficientemente tratada en la pirámide para poder trabajar con ella, y las experiencias y usos que con la misma podemos realizar.

Ante todo, consideramos ridículas las afirmaciones de King de que bastan quince minutos para tratar un cuarto de litro de agua. Si, como se desprende de su obra, King posee facultades paranormales, no dudamos que él pueda hacerlo, pero no es éste el caso más generalizado. Los demás investigadores dan tiempos muy variados. Por nuestra parte, consideramos que lo ideal es de una semana a quince días, según las condiciones ambientales, ya que tanto la luz, el calor, la ionización del aire, y muchos otros factores influyen en todos los procesos en que interviene la pirámide, cosa que no nos cansaremos de repetir, y ello hace que debamos siempre pecar por un exceso de precaución antes que por precipitación.

También debe tenerse en cuenta que el volumen del agua a

65

tratar no debe sobrepasar el 5 por 100 del de la pirámide; así, por ejemplo, en una pirámide de 25 cm de altura puede tratarse perfectamente medio litro de agua.

Por todo cuanto hemos dicho podemos comprender que el agua tratada se halla en un estado inestable y, por tanto, transitorio. Interesa, pues, conocer la duración que tendrán sus nuevas cualidades. En este sentido, tras innumerables pruebas, hemos llegado a la conclusión de que las diferencias son enormes, y oscilan desde un día a un par de semanas.

Todos los autores indican que el mejor método para saber si el agua está tratada, así como para delimitar el campo energético de la pirámide, es la radiestesia: colocando un péndulo, o simplemente una aguja de coser pendiente de un hilo, sobre el agua o la pirámide, sus movimientos indicarán la existencia y cantidad de energía.

A pesar de que conocemos y practicamos la radiestesia, hemos de reconocer sus inconvenientes, el mayor de los cuales es que no todo el mundo posee la sensibilidad suficiente para practicarla, e incluso en este caso hay que desarrollarla con práctica constante. Además, si bien casi todo el mundo puede, con una cierta práctica, detectar si existe energía, el valorarla cuantitativamente y saber si el agua está suficientemente cargada no está al alcance de principiantes, y son muchas las veces que nosotros mismos no estamos seguros de la valoración obtenida.

Por estas razones creemos que lo mejor es no confiarse, tratar el agua por lo menos una semana y en vez de guardarla en el refrigerador, como recomiendan la mayoría de los autores, conservarla en la misma pirámide.

Nosotros acostumbramos a tratar un bidón de plástico con diez litros de agua en una pirámide de 75 cm de altura, del cual, y tras una semana de tratamiento, sacamos el agua que precisamos, reponiéndola a continuación, para ir tomando cada día la necesaria para nuestras experiencias. Este sistema es muy práctico ya que, por lo general, casi nunca se necesita más de un litro diario y siempre se dispone de una reserva con la seguridad de que estará suficientemente tratada.

Y pasemos a lo que realmente interesa. ¿Para qué sirve el agua tratada? De cuanto llevamos dicho se desprende que el agua es capaz de acumular en sí misma la energía de la pirámide; de aquí a deducir que puede usarse para substituir a la misma sólo hay un paso. Esta deducción es completamente cierta.

La más simple experiencia que puede efectuarse con el agua tratada es la de coger un trozo de carne algo deteriorada y dividirlo en dos mitades, sumergiendo uno de ellos en agua tratada y el otro en agua de grifo. Al cabo de un par de días, comprobaremos que en la primera ha desaparecido el mal olor, la carne ha dejado de descomponerse y el agua se conserva limpia; en cambio la carne sumergida en agua de grifo sigue descomponiéndose y el agua queda completamente turbia; del olor más vale no hablar. En tan sólo una semana que prosigamos la prueba, veremos que la diferencia es tan grande que parece imposible.

En todas las experiencias que hemos relatado con plantas, puede comprobarse que los efectos son los mismos si substituimos la pirámide por el agua tratada, con la ventaja que esto nos evita la construcción de pirámides transparentes de gran tamaño con el consiguiente ahorro de espacio y materiales.

Las plantas que han germinado y empezado su desarrollo bajo pirámide, crecerán más deprisa que las normales si, al sacarlas de la misma, son regadas con agua tratada. Podemos garantizar que crecen mejor, más lozanas y que incluso florecen antes de lo normal.

También las flores cortadas se conservan más días que con agua del grifo sin necesidad de añadir ninguna substancia adicional, y lo curioso es que algunas veces los pétalos no caen al agostarse las flores. Todos sabemos que cuando cambiamos el agua de un florero al cabo de unos días de tener un ramo en el mismo, el olor es desagradable; pues bien, usando agua tratada esto no ocurre, ya que el agua no llega a corromperse y por lo tanto carece de olor.

Y para terminar con las plantas, diremos que con el agua tratada no hemos registrado ningún caso en que plantas débiles o delicadas resultasen perjudicadas, como ocurre algunas veces con la pirámide.

También sobre las personas el agua tratada sigue ejerciendo los mismos efectos que la pirámide y su uso es más sencillo y cómodo. Además pueden realizarse aplicaciones extras, como por ejemplo beberse un vaso por la mañana en ayunas, lo que además de regularizar las funciones digestivas produce un notable incremento de energía durante el día.

Bebiéndola regularmente en substitución del agua normal, tanto en las comidas como en cualquier momento en que se tenga sed, parece revitalizar el organismo de tal modo que no tan sólo mejora la salud, sino que incluso parece rejuvenecer e incrementar el vigor, incluso el sexual, en personas cuya edad hace que ya declinen en estos menesteres. No deben esperarse milagros, pero sí una clara mejoría en todos los aspectos. Incluso conocemos el caso de una persona cuyo cabello encanecía rápidamente y con el uso externo e interno del agua tratada no sólo dejó de encanecer sino que incluso dejó de perder pelo.

También el agua tratada puede usarse como loción facial; en este caso, parece que se absorbe por la piel más rápidamente que el agua normal, y antes de un mes de lavarse regularmente la cara con esta agua los resultados son claramente visibles, pues la piel parece rejuvenecer, y desaparecen arrugas, manchas e impurezas.

Para las heridas es un magnífico desinfectante y activador de la regeneración de los tejidos. Si dejamos la parte lesionada durante media hora en agua tratada, o la envolvemos en un algodón impregnado de la misma, su apariencia es mucho más sana y la curación es limpia y más rápida de lo normal.

También en irritaciones de los ojos y en ulceraciones de la boca sus efectos son espectaculares, pues el dolor queda aliviado casi instantáneamente.

Lo curioso en el caso de las heridas, es que parece que el agua tratada actúa de dos formas distintas. En la primera, el dolor desaparece con rapidez, la carne dislacerada empieza a crecer y la curación es limpia y requiere menos tiempo del normal.

En el segundo caso —que hemos observado principalmente en heridas cuyo tratamiento con el agua se inicia varios días después de haberse producido— el dolor aumenta rápidamente en los primeros momentos notándose un fuerte latir en la misma, pero al cabo de unas horas, o a veces al día siguiente, el dolor y los latidos desaparecen y el curso de curación se hace similar al del primer caso.

Para finalizar relataremos un ejemplo típico de esta segunda forma de actuar del agua tratada en un caso que le ocurrió a Román Cano al principio de nuestras experiencias y del que no conocemos ningún otro similar.

Trabajando en casa se pilló el dedo medio de la mano izquierda doblándoselo violentamente. Un mes después, si bien no le causaba molestias, no podía doblarlo, y si lo intentaba ayudándose con la otra mano, el dolor era muy intenso. Llegado a este punto y empezadas las experiencias con el agua tratada sobre las plantas, decidió probar con su dedo dejándolo media hora dentro del agua tratada. En un principio el dedo empezó a dolerle con intensidad, se le hinchó de nuevo y apareció un hematoma en la articulación de las falanges, pero al día siguiente todos estos síntomas empezaron a remitir y, aun doliéndole, podía doblar el dedo. A los tres días de tratamiento, parecía que nunca le hubiera sucedido nada y su dedo sigue siendo totalmente normal.

7

El aluminio y los metales

En el capítulo 4 hemos relatado las experiencias de Schul y Pettit con plantas de girasol y el curioso movimiento giratorio de éstas. Pues bien, estas experiencias tuvieron un interesante epílogo que vamos a relatar a continuación.

Estos investigadores, buscando cuál podía ser el origen de la energía que actuaba en la pirámide, llegaron a la conclusión de que quizás estuviera relacionada con los rayos cósmicos. Es sabido que el origen de esta radiación es desconocido, pero proviene de algún lugar fuera del sistema solar. También se supone que la variación de su intensidad en las diversas latitudes es debida a su desviación por el campo magnético de la Tierra, y que la atracción gravitatoria hace que los rayos cósmicos sean arrastrados por la Tierra en su movimiento de rotación, con el resultado de que el flujo de energía proviene básicamente del oeste.

Para comprobar su hipótesis, Schul y Pettit colocaron una pantalla de aluminio en el interior de la pirámide, al oeste de la planta de girasol. Ésta primero vaciló en sus giros, que desaparecieron por completo poco después.

Cada vez que repetían la operación ocurría lo mismo y dejando colocada la pantalla, las plantas permanecían inmóviles hasta que en su crecimiento la sobrepasaban en altura. A partir de este momento, mientras su parte inferior (inhibida por la pantalla) permanecía inmóvil, la parte superior (libre de la misma) reemprendía los movimientos giratorios.

¿Era el aluminio capaz de bloquear la energía de la pirámide por su sola presencia como pantalla? ¿Existía en el aluminio alguna cualidad especial?

Para salir de dudas hicieron germinar unas semillas de girasol en un platillo con una lámina de aluminio y otras en platillos semejantes pero sin el aluminio. El resultado fue que a los cuatro días las simientes colocadas sobre aluminio no habían germinado, mientras que las semillas testigo lo habían hecho a los dos días. No cabía la menor duda de que la curiosa propiedad inhibidora del aluminio no era debida a su mera presencia física como pantalla, sino que era inherente al metal.

Pero la sorpresa de los investigadores fue mayor cuando observaron que a los quince días de inmovilidad las plantas que conservaban la pantalla de aluminio dentro de la pirámide volvían a reiniciar su danza, no tan sólo en su parte superior, sino en su totalidad: la pantalla de aluminio ya no impedía la acción de la pirámide. Pero si se dejaba este aluminio durante algún tiempo fuera de la pirámide, volvía a recuperar sus cualidades inhibidoras.

El aluminio es un metal que posee propiedades muy curiosas. Nosotros hemos realizado algunas experiencias para comprobarlo, y si bien no hemos conseguido reproducir la danza de los girasoles, en cambio hemos podido comprobar que el aluminio sin tratar retrasa la germinación de las semillas, mientras que después de tratado durante quince días en la pirámide la acelera, y lo mismo sucede con el crecimiento de las plantas.

Independientemente de su tratamiento en la pirámide, existe otro hecho muy significativo. En efecto, una práctica muy usual de las amas de casa consiste en envolver los alimentos en papel de aluminio para su mejor y más duradera conservación, pero a nadie se le ocurre preguntarse por qué. Podemos garantizar que esto no ocurre solamente porque el aluminio impide la desecación, ya que si usamos otro material impermeable —plástico por ejemplo— los alimentos no se desecan, pero se descomponen. La causa de este fenómeno debe residir en la capacidad del aluminio de absorber alguna energía similar a la de la pirámide (o la misma) que es indispensable para la acción de los enzimas y bacterias que actúan sobre los alimentos.

Pero esta acción sobre los enzimas es de signo contrario al de la pirámide, ya que si esta última activa los enzimas *aña-*

diendo energía, en cambio el aluminio los paraliza *restando* esta energía. Con ello queda explicado su proceder en la pirámide, su acción inhibidora sobre el crecimiento y germinación de semillas, y sus propiedades conservadoras de los alimentos. Y también es forzoso suponer que, situado dentro de la pirámide, esta absorción energética se produce hasta una sobresaturación que luego le permite desprenderse paulatinamente de la misma convirtiéndose en un sucedáneo de la pirámide.

Creemos que, en realidad, todos los metales poseen esta propiedad, aunque en distinto grado y con diversas peculiaridades. Cualquier metal que se introduzca en la pirámide, aunque sólo sea para tapar un recipiente, es suficiente para perturbar su perfecto funcionamiento.

En otra de sus experiencias, Schul y Pettit colocaron una pequeña lámina de oro al lado de una plantita de girasol, y ésta siguió imperturbable en sus movimientos. Pero si hacían lo mismo con la lámina de oro previamente tratada en otra pirámide, la planta se extendía casi horizontalmente para abrazarla. Esto nos indica que también el oro es capaz de cargarse de energía, pero que su acción sobre la planta es distinta de la del aluminio.

También sabemos que si sometemos una placa de aluminio anodizado a una carga de 50.000 a 100.000 voltios en una bobina de Tesla o un generador electrostático, queda cargada como si hubiera permanecido largo tiempo en la pirámide. Si la misma experiencia la realizamos con una lámina de cobre, también queda cargada, pero pierde rapidísimamente sus propiedades y lo mismo ocurre con otros metales.

En el capítulo 2 hemos hablado del generador piramidal de Flanagan, que consiste en una matriz de quince a veinticinco pirámides de aluminio de 2,5 cm de altura unidas por sus bases en grupos de tres o cinco, y colocadas sobre un soporte de madera o material dieléctrico. Pues bien, si colocamos una lámina o plancha metálica encima del mismo, ésta queda cargada y puede usarse para fines curativos. Poseemos testimonios de que, en Estados Unidos, varios quiroprácticos usan una placa así cargada para elevar el ritmo biológico de sus enfermos, colocándola simplemente en contacto con la parte afectada durante algún tiempo, con lo cual se acelera en mucho la curación en procesos de tipo reumático, luxaciones, tratamientos posoperatorios e incluso se obtiene alivio en casos de artrosis.

También creemos que es conocido por todos el uso de pulseras «magnéticas» para curar o al menos aliviar dolores reumáticos y energizar a quienes las usan, pulseras que, a pesar de la hilaridad que suscitan en los médicos, dan en muchos casos buenos resultados. Este hecho ha degenerado en el uso de pulseras o colgantes para atraer la buena suerte y liberarse de la desgracia, lo que ya es más discutible.

Otra aplicación menos conocida, pero que nosotros mismos hemos visto utilizar alguna vez, es el uso de alambres de cobre enrollados en espiral sobre el tronco de un árbol débil o enfermo para salvarlo. Este sistema no sólo funciona sino que además tanto el número de espiras como la dirección en que se enrollan tiene su importancia.

Todo esto lo mencionamos para demostrar que los metales poseen en cierto grado la capacidad de almacenar ciertas energías lo mismo que el aluminio, o al menos de conducirlas o seleccionarlas, y, por lo tanto, quizá no sea una tontería el uso de ciertos metales «sintonizados» con la persona. También observamos que la atribución astrológica de determinados metales a determinados tipos de personas tiene una base mucho más sólida de lo que acostumbramos a creer.

Volviendo al aluminio, debemos indicar que su acción bloqueadora de la energía de la pirámide sólo se ejerce sobre la materia orgánica; en cambio, no parece ejercer ninguna acción en la evaporación del agua. En *El poder mágico de las pirámides* de Toth y Nielsen, el doctor Boris Vern, de la Mankind Research Unlimited, relata sus experiencias sobre evaporación de agua bajo pirámide. Las pruebas se realizaron en pirámides de plástico con bases de papel secante, de hoja de aluminio y abiertas por la base para permitir la libre circulación de aire. Los mejores resultados se obtuvieron en las pirámides con la base de aluminio.

A pesar de que mucho antes ya habíamos realizado pruebas de este tipo —como relatamos en el capítulo anterior— el hecho de que el doctor Vern usara el aluminio como base, y que en contra de lo que era lógico esperar fuese el sistema más eficaz, nos impulsó a verificar sus experiencias, y efectivamente pudimos comprobar que la base de aluminio no inhibía la acción deshidratadora de la pirámide. Al mismo tiempo, este hecho nos proporcionaba la confirmación de que en la pirámide no actúa una única modalidad de energía.

Para terminar con esta experiencia del doctor Boris Vern, hemos de aclarar que la prueba que propugna con las bases selladas con pegamento fue para nosotros un completo fracaso, ya que la evaporación fue nula, tanto en el cubo como en la pirámide. Si el agua no puede salir, se queda.

Veamos ahora cómo debemos tratar el aluminio y para qué usos nos resulta más eficaz.

Para cargar el aluminio debe colocarse en la pirámide con su longitud mayor orientada en el eje norte-sur, tanto si se trata de rollos de hojas o de placas, y durante un mínimo de quince días, con lo que queda listo para su empleo.

Los usos a que puede destinarse son los mismos que la pirámide o el agua tratada: conservación de alimentos, momificación, tratamiento de semillas y plantas, y alivio de enfermedades.

Para la conservación de alimentos, lo mejor es usar hoja delgada para envolver de la que se vende en rollos. No sólo es más eficaz, sino que, además, al cocer los alimentos les proporciona mejor sabor y se ahorra una tercera parte del tiempo de cocción.

Nosotros acostumbramos a tratar en la pirámide platos de aluminio que luego usamos para colocar sobre los mismos botellas de vino o licor, que mejoran notablemente como en su tratamiento con la pirámide, pero debe tenerse la precaución de renovarlos semanalmente por otros recientemente tratados, pues como ya hemos dicho, el aluminio se descarga lentamente de la energía acumulada. El tratamiento de los platos tiene la misma duración que el de las placas, o sea de quince días a un mes aproximadamente.

La ventaja de los platos es que pueden ponerse en pilas de media docena en la pirámide, cogiendo para su uso siempre el de encima, y colocando el descargado debajo. De este modo, siempre tendremos una provisión de los mismos suficientemente tratados, y mientras que las hojas deben desecharse una vez usadas dada su extraordinaria fragilidad, el uso de los platos a la larga representa una notable economía.

El tratamiento de plantas o semillas puede hacerse de las dos maneras. Envolviendo el recipiente o maceta en que se cultivan con papel de aluminio, o, como preferimos nosotros, colocando un plato de aluminio tratado debajo de los mismos.

El tratamiento de dolores de cabeza, estados de debilidad y agotamiento, reumatismo, etc., tendrá similar eficacia al de la pirámide, siempre que sea posible situar la parte dolorida o enferma encima de la placa o envuelta en hoja de aluminio.

Como es natural, en los tratamientos a base de energía piramidal, cada cual puede utilizar el medio (pirámide, agua o aluminio) que le sea más cómodo o le parezca más eficiente. Nosotros damos siempre prioridad a la pirámide, pero para energizarnos, para transtornos digestivos, heridas, irritaciones de la boca u ojos, etc., preferimos el agua, y el aluminio lo utilizamos siempre que su uso no nos incomoda demasiado y nos permite seguir en nuestras ocupaciones en vez de permanecer inactivos durante el tratamiento (por ejemplo, en dolores de cabeza nos da muy buenos resultados hacernos un sombrero de hoja de aluminio).

Al hablar de los metales, es tema obligado mencionar el afilado de hojas de afeitar en la pirámide. Es indiscutible la paternidad de Drbal en su descubrimiento, y son precisamente sus trabajos en este sentido los que han despertado la atención mundial sobre las pirámides; pero creemos que sería incurrir en repetición volver a relatarlos, ya que lo hemos hecho sumariamente en el capítulo segundo, y además en *El poder mágico de las pirámides*, el mismo Drbal cuenta detalladamente su odisea para patentar la pirámide.

Sólo queremos insistir en que no todas las hojas pueden regenerarse; nosotros hemos probado con muchas clases y tan sólo las hojas azules nos han dado buenos resultados. La Gillette Super Platinum, por ejemplo, ha sido un completo fracaso para nosotros, y podemos concluir que lo importante es la pureza del acero: cuanta mayor aleación de otros metales se halle presente, menor es el efecto regenerador de la pirámide.

También es básica la orientación norte-sur de la hoja, de forma que los filos queden dirigidos uno al este y el otro al oeste. Por último queremos consignar que el tamaño de la pirámide no parece tener la menor influencia en la rapidez y perfección de la regeneración del filo. A partir de una altura de 8 cm cualquier pirámide sirve.

Algunos autores afirman que también pueden afilar cuchillos, tijeras, e incluso cabezales de máquinas de afeitar. Por nuestra parte intentamos la prueba con un cuchillo y, francamente, después de tenerlo tres meses en la pirámide no observamos que cortara más que antes. Quizá sea preciso mucho más tiempo, pero en este caso no alcanzamos a ver la utilidad práctica de la experiencia.

Lo que sí pudimos observar fue una mejoría general en el aspecto del cuchillo, y que al cogerlo la herrumbre que existía en algunos lugares del mismo nos quedaba entre los dedos.

Posteriormente hemos comprobado este último efecto, es decir, que las manchas de herrumbre o de óxido que presentan objetos metálicos tienden a deshacerse en la pirámide; basta frotarlos luego con los dedos o con un paño para que el óxido se convierta en polvo, quedando el objeto limpio y como nuevo. Lo extraño es que no todas las manchas de óxido desaparecen, sino que se trata de un proceso muy irregular; hay manchas que desaparecen, mientras que otras manchas, al parecer idénticas a las anteriores permanecen inalteradas y fijas en el metal.

También King observó este fenómeno y llega a conclusiones muy similares. Afirma que toda oxidación que no se haya disuelto en tres días ya no desaparece; nosotros no somos tan tajantes, pero sí podemos afirmar que no vale la pena prorrogar la experiencia más de quince días, y que este fenómeno no sólo se produce en el hierro, sino también en otros metales como el cobre, la plata y el oro.

Ignoramos cómo se realiza tal cosa, aunque sospechamos que es el efecto deshidratador el que convierte en óxido pulverulento la mezcla de óxidos e hidróxidos fuertemente adherida al metal. Quizá también un efecto de resonancia energética, similar en cierto modo a la acción de los ultrasonidos (esto es sólo una comparación, no que se trate de ultrasonidos) desprenda el óxido del metal. El fallo de nuestra hipótesis es que no explica por qué quedan siempre oxidaciones que no se separan.

Para finalizar este capítulo sólo nos resta añadir que en estos momentos estamos realizando experiencias con pirámides metálicas, y comprobamos que su irradiación energética es mucho más dura que en las de material dieléctrico. Estas pirámides metálicas son totalmente ineficaces para la momificación y conservación de alimentos, pero en cambio la energía de las mismas puede aplicarse a diversos tratamientos, debiéndose proceder con mucha precaución a causa de la dureza de sus radiaciones.

Hasta el momento, los resultados son muy irregulares y tan sólo podemos avanzar que la acción de cada tipo de metal parece ser específica para determinadas personas, es decir, que para algunos es bueno el cobre e ineficaces o incluso perjudiciales otros metales, mientras que para otros, al contrario, la pirámide de hierro es la eficaz e inoperantes las demás.

Este efecto selectivo también parece orientarse en distintas afecciones, así, por ejemplo, en un caso en que una pirámide de cobre producía una notable mejoría en una afección reumática, intensificaba, hasta hacerlos insoportables, los dolores de cabeza.

De todos modos, las experiencias realizadas en este sentido son todavía parciales e insuficientes, por lo que sería una inestimable ayuda conocer los resultados de alguien que investigara este campo.

8

Experiencias psíquicas

En el capítulo 5 mencionamos la sensación de paz y tranquilidad que se percibe al entrar en una pirámide. Vamos a profundizar ahora en el tema, ya que consideramos que el más importante de todos los beneficios que las pirámides pueden proporcionarnos es ayudarnos en el desarrollo de nuestra personalidad y en la investigación de los niveles elevados de conciencia.

Como dijimos, en una estancia dentro de la pirámide, las primeras sensaciones que se perciben son de aislamiento, paz y seguridad, así como un estado de relajación muy placentero. Lo curioso es que sabemos de antemano que una débil capa de madera puede depararnos poca protección, que los ruidos del exterior apenas pueden quedar amortiguados y que prácticamente no debería existir la menor diferencia entre estar dentro de una pirámide o dentro de una vulgar tienda de campaña. Sin embargo, la realidad es muy distinta.

Para empezar, los ruidos exteriores pasan a ser algo secundario, remoto, los oímos como si llegaran de mucho más lejos y como si no nos concernieran o no tuvieran nada que ver con nosotros; se alejan y dejan de ser un obstáculo para nuestra concentración. Quienes han construido su pirámide con un simple bastidor de madera y caras de plástico, nos comunican idénticas impresiones, a pesar de la mayor fragilidad de su estructura, lo que nos indica que dicha sensación no depende del material de la pirámide, sino de su forma.

Lo mismo puede decirse de la sensación de seguridad que ofrece, sin justificación objetiva, pero que sin embargo es tan evidente que incluso a veces tenemos la impresión de no hallarnos solos, como si una presencia o potencia invisible nos acompañara y protegiera. Ya sabemos que éstas son sensaciones subjetivas, pero ello no es obstáculo para que sean compartidas por la gran mayoría de quienes han realizado la experiencia a pesar de no haber tenido conocimiento de los relatos de otras personas; y si una experiencia subjetiva es compartida de la misma forma por la mayoría de quienes la realizan, es tan aceptable como la más empírica de las pruebas. Nosotros realizamos las experiencias en nuestra propia casa, pero tenemos testimonios de que si se realizan en los lugares más remotos y aislados, el resultado es el mismo.

En este sentido, el relato más explícito es el de Schul y Pettit, a quienes citamos con frecuencia por ser en nuestra opinión quienes mejores trabajos han realizado y quizá también por el hecho de que sus conclusiones y resultados son los que más concuerdan con los nuestros, hasta el punto que muchas veces, al cotejar su obra, nos parecía estar leyendo con otras palabras lo que nosotros mismos habíamos pergeñado en nuestros apuntes.

Dichos autores relatan que en una excursión que realizaron en grupo a las montañas de Colorado, montaron una pirámide de plástico suficientemente grande para poder dormir en ella, y cada uno de los componentes del grupo pasó una noche en el interior de la misma, que se hallaba bastante alejada de la cabaña base del campamento. Dos mujeres del grupo se sintieron asustadas al dirigirse en la oscuridad de la noche a la pirámide, pero todo miedo y ansiedad desaparecieron de inmediato al entrar en la misma.

Paralela a esta sensación de seguridad, nos invade una gran paz interior, nos sentimos relajados y tranquilos, viviendo la realidad de ser una sola cosa con todo el universo, y las tensiones y sentimientos agresivos de nuestra vida quedan atrás, no tienen cabida en el interior de la pirámide. Y así, poco a poco y sin que nos demos cuenta, nuestra respiración se hace más lenta y profunda, nuestra mente se aleja de los asuntos exteriores disminuyendo su dispersión para llegar a un estado tranquilo y estático, deteniéndose e interiorizándose.

Esta profundización de nuestra mente llega a hacerse tan patente, que perdemos la noción del tiempo. Hay veces que nos parece que acabamos de entrar y el compañero que nos espera en el exterior cree que nos hemos dormido y se impacienta por nuestra tardanza. Otras veces, en cambio, salimos convencidos de haber permanecido demasiado tiempo en el interior de la pirámide y resulta que sólo han transcurrido unos minutos. En resumen: tiempo y espacio son dos conceptos que carecen de sentido en el interior de la pirámide. Dentro de ella nada es objetivo, todo es subjetivo.

Es muy difícil dormir en una pirámide relativamente pequeña como la nuestra, ya que sólo puede hacerse sentado en una silla, pero aun así hemos echado algunas cabezadas alguna vez, y en tan cortos espacios de tiempo uno se siente extraordinariamente descansado. Lo más curioso es que en los instantes que preceden al sueño, cuando se está semidespierto y semidormido, la mente parece volar y se sueña despierto y con gran nitidez.

A la vista de tales efectos, decidimos construir pirámides de cartón de 40 cm de altura y suspenderlas encima de la cama al acostarnos y comprobar qué ocurría.

En este caso, el efecto no es tan claro y terminante como el citado anteriormente, pero sigue siendo parecido; se duerme mejor, los sueños son más fáciles de recordar y también este período de duermevela que precede al sueño es muy intenso y duradero (esto es lo que parece, pero no olvidemos que todo es subjetivo bajo la pirámide).

Schul y Pettit, Kerrel y Goggin, Cox y muchos otros, informan de sueños parecidos a los descritos por Paul Brunton y ya relatados en el libro de Max Toth y Greg Nielsen, y que más parecen visiones o proyecciones astrales que otra cosa. Nosotros no hemos experimentado nada parecido, pero son demasiados testimonios para que nos atrevamos a dudar de ellos. En nuestra opinión podría tratarse de experiencias de tipo paranormal que sólo se producen en personas que independientemente de sus experiencias en la pirámide han realizado trabajos en el campo paranormal, o que al menos poseen facultades latentes de este tipo, aun cuando no hubieran aparecido anteriormente; la pirámide sólo habría facilitado su puesta a punto y exteriorización.

Esto parece comprobarlo el hecho de que uno de nosotros que desde hace algún tiempo practica metódicamente la meditación y las técnicas de producción de ondas alfa, encuentra que bajo la pirámide le es más fácil mantenerse en dicho estado.

También James Coburn, el popular artista de Hollywood, en el ejemplar de 13 de enero de 1974, del «National Enquirer», dice: «Creo firmemente en la fuerza de la pirámide. Entro en mi tienda en forma de pirámide, me siento en posición de yoga y la cosa funciona. Proporciona una emoción y una sensación claras, crea una atmósfera... que hace más fácil la meditación. Impide cualquier interferencia. Todos los días paso de· quince a treinta minutos allí dentro meditando».

Los tests realizados por Gary Plap, de la Huma-Th Industries, George Cooper, presidente de Pyrameditation Inc., y Bill Cox, editor de «Pyramid Guide», sobre la actividad de las ondas cerebrales en meditación dentro de la pirámide, mostraron un acentuado aumento de amplitud en la producción de ondas alfa y beta, comparando las ondas cerebrales de los meditadores minutos antes de su entrada en la pirámide y posteriormente en su interior.

Respecto a la producción de fenómenos paranormales como telepatía, clarividencia, telecinesis, etc., son muchos los testimonios de que su producción dentro de la pirámide es mucho más fácil. King cita incluso haber presenciado y tomado parte en el doblado de cucharas al estilo de Uri Geller, y, en el libro *El poder mágico de las pirámides*, Joan Ann de Mattia narra sus experiencias al respecto. Todos los testimonios son concordantes y por lo tanto no seguiremos repitiendo referencias.

De todos modos insistiremos en la idea de que en nuestra opinión la pirámide es de una gran ayuda en todo lo que sea paranormal, como lo es en otros terrenos, sólo si ya se poseen estas facultades aunque sólo sea potencialmente. Recomendamos por lo tanto su uso a los interesados en estos temas, ya que si al principio no obtienen resultados, es muy posible que aparezcan con el tiempo. Por nuestra parte la usamos incluso para leer y estudiar con buenos resultados y aun cuando no esperamos nos proporcione facultades que no poseemos, nos beneficiamos de su influencia para concentrarnos y rendir más y mejor.

Tanto en el terreno psíquico como en todo cuanto hemos experimentado, la pirámide es un amplificador, un condensador de energía —incluso psíquica— que permite la mejor y más amplia producción de toda clase de fenómenos. Y podemos incluso percibir físicamente esta energía cuando nos habituamos o quizá nos sensibilizamos a la misma al trabajar con pirámides.

El primer síntoma que todos percibimos, es casi inconsciente. Nos sentimos energizados aun cuando no exista una sensación física de energía; pero muchas personas nos cuentan sensaciones de hormigueo o como de alfilerazos, otras nos hablan de una fuerza que los hace sentirse ingrávidos y las atrae hacia la cúspide de la pirámide. También en muchos casos, tras permanecer en la pirámide sin notar nada, aparece somnolencia. Quienes hacen esto acostumbran a dormir un rato, una media hora por lo general, y luego, al despertar, se sienten tan energizados como aquellos que lo han sido directamente en la pirámide.

En otras personas, esta energización, tan agradable al principio, es seguida de la sensación de sentirse saciado de energía, de querer salir de la pirámide, pero si en lugar de hacerlo quieren seguir llenándose de energía, entonces la experiencia se vuelve desagradable. Primero se empieza con dolor de cabeza, luego comienza a doler todo el cuerpo, en especial las antiguas lesiones cuyo recuerdo se había perdido. Llegados a este punto, hay que salir siempre de la pirámide, ya que si una dosis de energía es buena, una sobredosis puede ser nefasta.

Pero, con el tiempo, la capacidad de asimilar la energía va aumentando y se llega a poder permanecer largo tiempo en la pirámide sin la menor molestia y más a gusto que en ninguna otra parte.

King cita efectos similares, pero más intensos, y añade que si se sigue en la pirámide a pesar de las molestias, llega un momento en que se produce una ruptura y todos los síntomas desaparecen y uno se siente magnífico. Personalmente no hemos comprobado este extremo, pero, de todos modos, no recomendamos a nadie que lo pruebe; si se presentan algunos de estos inconvenientes, lo que no es habitual, es preferible acostumbrarse poco a poco.

Para terminar vamos a dar unos cuantos consejos a quienes deseen practicar la meditación o realizar experiencias psíquicas en la pirámide.

Antes de entrar en la pirámide, lo primero que hay que hacer es programar el subconsciente. Permanezca unos minutos en el exterior para determinar de antemano y muy concretamente lo que va a realizar: meditar, dormir y recordar los sueños, realizar una experiencia telepática con un amigo, etc. Concéntrese en la tarea a realizar desmenuzándola en todos sus detalles y teniendo siempre presente que debe ser algo específico y muy concreto, sin mezclar varios objetivos y sin indeterminaciones.

El siguiente paso es entrar y sentarse en la pirámide. Suponemos que el lector ya estará habituado a la misma y se habrá dado cuenta de que no todas las orientaciones son igualmente buenas. Para la mayoría, lo mejor es sentarse mirando hacia el norte, o acostarse con la cabeza orientada en esta dirección; pero esto no reza para todo el mundo. Además, con la práctica, cada persona percibe que para cada tipo de experimentación existe una orientación distinta que es la óptima para él que no tiene por qué ser la misma que la de la mayoría. Como decimos, esto hay que descubrirlo con la práctica, pues es personal, pero para empezar lo mejor es orientarse al norte y luego, al afinarse la sensibilidad, cada cual encontrará sus orientaciones personales óptimas.

También es conveniente no llevar nada que nos oprima demasiado, como cinturones o prendas muy ajustadas. Quienes hayan practicado la relajación no precisan de este consejo, pero creemos que será útil a los demás.

Entonces ya puede procederse a la experiencia programada, sin desanimarse si al principio los resultados no son demasiado felices (ya hemos dicho que la pirámide es un magnífico auxiliar pero que no lo es todo; si realmente se poseen facultades latentes, éstas aparecerán con la práctica).

Comprendemos que muchos lectores se sentirán desilusionados tras la lectura de este capítulo, al ver que la pirámide por sí sola no les puede proporcionar graciosamente todos los poderes y facultades que esperaban. A éstos les recordaremos que los indiscutibles maestros en poderes psíquicos son los yoguis y los lamas budistas, y citaremos unas frases del XIV Dalai Lama, su máximo representante, para que les sirvan de guía y consuelo: «Incluso al Bienaventurado le es imposible transmitir *físicamente* su conocimiento a otro ser».

Y si el Bienaventurado no puede, cómo va a poder una pirámide por sí sola...

«Para obtener la felicidad cada ser debe realizar el esfuerzo necesario que haga desaparecer la causa de sus sufrimientos y determine la causa de su felicidad. No existe otro camino.»

En efecto, no existe otro camino que el del esfuerzo constante y personal para alcanzar la perfección.

«Un hombre sediento puede calmar su sed bebiendo agua, pero para ello necesita un recipiente con que beber esta agua.»

La pirámide no será el recipiente que contenga el agua que calme nuestra sed espiritual o nuestra sed de alcanzar nuevos niveles de conciencia. El recipiente de que nos habla el Dalai Lama es el *bodhi-chitta*, la voluntad de conocimiento del espíritu que se esfuerza para obtener la iluminación. Pero hemos de convenir en que la pirámide puede ser un recipiente suplementario que nos facilite un mayor caudal de energía para conseguir menos difícilmente estos objetivos.

Quien medite con constancia en la pirámide, verá cuán útil es este suplemento de energía para hacernos cada día mejores y conseguir paulatinamente superiores niveles de conciencia, y comprenderá también, que si un objetivo guiaba a los antiguos constructores de las pirámides, no era el de momificar unos muertos —por ilustres que fueran—, ni el de legarnos un instrumento para realizar raras pruebas y experiencias —por curiosas que resulten—, sino que tras todo esto, apto para atraer la atención de los curiosos, se ocultaba una finalidad mucho más importante y que por sí sola justifica el esfuerzo titánico de la construcción de pirámides, el legarnos un instrumento capaz de ayudarnos en la más alta tarea que el hombre puede emprender: la de su desarrollo espiritual. Si a este desarrollo espiritual se unen luego unas facultades paranormales, esto es un inconveniente que debemos soportar y no algo que debamos desear.

9

La radiónica, magia moderna

Con motivo de la publicación del libro *El poder mágico de las pirámides*, Ediciones Martínez Roca se ha visto inundada por un aluvión de cartas procedentes de todas partes en demanda de datos y aclaraciones sobre determinados aspectos de las experiencias contenidas en dicho libro. Debemos agradecer la gentileza del editor que ha puesto en nuestro conocimiento que los temas mayoritariamente contenidos en dicha correspondencia son los referentes a las experiencias del ESP Laboratory de Los Ángeles, y a la construcción a escala de pirámides experimentales.

Dejando para más adelante la construcción de pirámides, vamos a centrarnos ahora en las experiencias de la ESP. A pesar de nuestro deseo de limitarnos tan sólo a mencionar sin entrar en detalles cuanto ya se contiene en el libro de Toth y Nielsen, en este caso, y a petición de los lectores del mismo, repetiremos lo ya publicado, procurando ampliar en lo posible nuestras explicaciones para hacer más comprensible el proceso, poniéndolo al alcance de todo el mundo y dando al mismo tiempo una noción de los principios en que se basa.

Al Manning, director del ESP Laboratory, cuenta que realizó experiencias usando la forma piramidal como incubador para materializar pensamientos. Partía del supuesto de que la forma de la pirámide sirve de amplificador geométrico que incrementa el poder de la oración y refuerza la devoción del individuo que desea materializar un pensamiento o deseo.

La técnica es muy sencilla y cuanto se precisa es una pequeña pirámide de cartulina y un juego de hojas triangulares de papel.

Dichas hojas deben ser de cuatro colores: azul para las peticiones de curación; verde para los asuntos amorosos; anaranjado para obtener claridad mental; y amarillo para desarrollar la intuición.

La petición debe formularse de forma sencilla, concreta y con el menor número posible de palabras. Si las ideas están confusas, hay que esperar a que la mente se aclare y sólo entonces escribir la petición en la hoja de papel triangular del color adecuado.

Hecho esto, el solicitante mantiene el papel entre las palmas unidas de sus manos mientras recita por dos veces una oración especial. La organización de Al Manning suministra dichas oraciones, pero es igualmente eficaz una oración creada por el mismo solicitante en el sentido apropiado a la petición, siempre y cuando sea recitada con la máxima devoción y sincero y profundo convencimiento de ser escuchado en sus deseos.

De ser posible realizar la experiencia en grupo, rezando todos dicha oración, el efecto será más seguro, lo que no quiere decir que no sea efectiva si la realiza una sola persona, sino tan sólo que la fuerza conseguida es mayor cuantas más personas creyentes colaboren.

Luego se dobla el vértice del triángulo de papel sobre la base y luego esta última sobre el doblado anterior, de tal modo que lo escrito quede oculto dentro del papel y el plegado resultante sea también triangular (véase figura 6).

El triángulo de papel doblado se coloca sobre la base de la pirámide, previamente orientada en sentido norte-sur, de tal modo que la longitud mayor del papel quede también orientada en dicha dirección. A continuación, se colocan las palmas de las manos sobre el papel doblado y se repite otra vez la oración; se tapa todo con la pirámide —siempre manteniendo la alineación norte-sur— dando comienzo así al período de incubación de la forma de pensamiento.

Al Manning sugiere que son necesarios de tres a nueve días para que el pensamiento materializado complete su «período de gestación». Durante este tiempo, se ayuda al proceso mediante la oración en voz alta y se alimenta la forma mediante

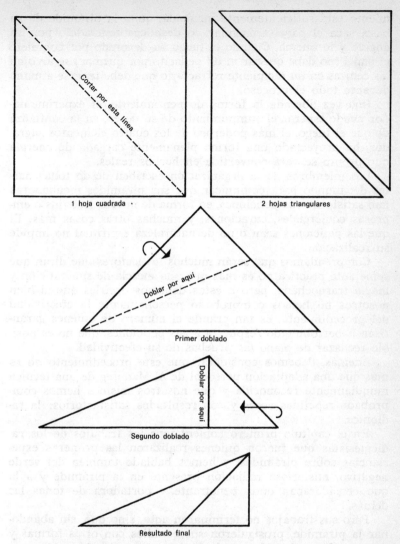

Cortar por esta línea

1 hoja cuadrada · 2 hojas triangulares

Doblar por aquí

Primer doblado

Doblar por aquí

Segundo doblado

Resultado final

FIG. 6. Materialización de pensamientos. Doblado del papel para la incubación.

concentración mental sobre ella, cosa que debe practicarse una vez al día y mirando hacia la cara norte de la pirámide.

Cuando el experimentador considera que la forma de pensamiento está suficientemente incubada, quita la pirámide de su base, saca el papel triangular, lo despliega tomándolo por un ángulo y lo quema. Cuando el fuego ha devorado por completo el papel (no debe quedar ni un pedacito por quemar) se arrojan las cenizas en un recipiente refractario que debe tenerse a mano durante todo el proceso.

Una vez liberada la forma de pensamiento, el experimentador puede esperar el cumplimiento de su deseo, en la confianza de que el fuego, el más poderoso de los cuatro elementos sagrados, ha proyectado una forma plenamente cargada de energía que pronto se verá convertida en hechos reales.

Los miembros de la organización escriben desde todas partes del mundo para comunicar que sus pirámides incubadoras han satisfecho sus peticiones, en forma de nuevos trabajos o empresas comerciales, curaciones, y muchas otras cosas más. El que las peticiones sean o no de naturaleza espiritual no impide su realización.

Comprendemos que serán muchos los lectores que dirán que semejante práctica no es más que una mezcla de superstición y magia trasnochada, pero a éstos debemos decirles que si bien nosotros no hemos comprobado personalmente la efectividad del procedimiento, es tan grande el número de quienes garantizan haber obtenido respuesta a sus peticiones, que no es posible rechazar de plano las pruebas de su efectividad.

Además, debemos considerar que este procedimiento no es más que una adaptación personal de Al Manning de una técnica mundialmente reconocida y que nosotros mismos hemos comprobado repetidas veces y con resultados satisfactorios: la radiónica.

En el capítulo primero comentamos los trabajos de los radiestesistas que fueron quienes realizaron las primeras experiencias sobre pirámides, y hemos hablado también del verde negativo, misteriosa radiación presente en la pirámide y a la que consideraban onda penetrante y portadora de todas las demás.

Pero sus trabajos no terminaron aquí, sino que, sin abandonar la pirámide, prosiguieron sus estudios con otras formas y cuerpos, llegando a la conclusión de que todos los cuerpos y seres vivos emiten estas radiaciones de carácter electromagnético a las que llamaron ondas, y que fundamentalmente eran de dos clases: de forma y de color.

Muchos años antes, hacia 1905 y 1906, el abate Mermet se preguntó si trabajando sobre el cuerpo humano podría observar con el péndulo el sentido de la circulación de la sangre y sus anomalías; se puso al trabajo y no tardó en crear la radiestesia médica. El abate Mermet utilizaba un sistema basado en el método de las series, encontrando para cada órgano del cuerpo un número de serie que era invariable y otro número que oscilaba entre 1 y 10 según el estado de salud de dicho órgano.

Posteriormente, el doctor Leprince estableció un método distinto basado en las radiaciones de color y su sintonía con la vibración de los distintos órganos y medicamentos.

Mientras tanto, en 1919, el abate Mermet descubría la teleradiestesia, que es el trabajo con el péndulo a distancia y mediante la ayuda de mapas, planos o fotografías, lo que condujo a que la radiestesia médica aprovechara estas técnicas e intentase trabajar también primero sobre muestras de sangre y posteriormente sobre fotografías del paciente, que eran usadas como testigos.

Puestos ya en este camino, no es de extrañar que se llegara al extremo de probar si colocando el medicamento elegido sobre la fotografía del paciente, y sometiendo el conjunto a un emisor del famoso verde negativo, se podía conseguir la curación del paciente. ¡Lo asombroso es que dio resultado!

La conclusión no sólo es asombrosa sino también aterradora: la acción de las ondas de forma o de color sobre una parte de un ser vivo, o su fotografía, es compartida por dicho ser. Y decimos que es aterradora, porque esta conclusión es prácticamente un espaldarazo a los hechizos mágicos.

Pero sigamos adelante. Jean Martial, inspirándose en todo esto, se preguntó si sería posible, gracias a la radiestesia, realizar un dibujo, el conjunto de cuyos ángulos y líneas fuera capaz de crear una onda de forma específica para una persona y con una finalidad concreta. ¡Y lo consiguió!

Para ello se situaba en su mesa de trabajo frente a una fotografía de la persona sobre la que trataba de actuar; cogía una hoja de papel más pequeño que la fotografía, y con el péndulo en la mano derecha y un lápiz en la izquierda se concentraba en el objetivo propuesto. Trasladaba lentamente sobre la fotografía el péndulo suspendido a uno o dos centímetros. Cada vez que el péndulo iniciaba un giro, marcaba con el lápiz un punto sobre el papel. De esta forma llegaba a obtener una serie de puntos muy cercanos entre sí. Para terminar con esta fase había que unir los puntos con un trazo continuo y encerrar el dibujo resultante en un par de círculos concéntricos.

Terminado el dibujo lo atravesaba con un alfiler por su centro y luego trasladaba el péndulo sobre la fotografía hasta que encontrara el lugar exacto en que debía clavar el dibujo. Una vez realizado esto, lo iba girando hasta que el péndulo le indicaba la orientación precisa en que debía quedar el dibujo sobre la fotografía (figura 7).

La operación en sí es algo más complicada, pero la hemos resumido a lo más preciso para no extendernos demasiado. Téngase en cuenta que para realizarla es preciso un perfecto dominio de la radiestesia, y en los buenos manuales del tema, dicho método ya viene explicado con todo detalle.

Los éxitos obtenidos por Martial y sus seguidores en todo el mundo son innumerables y actualmente se practica tanto el uso de dibujos teleinfluyentes como el uso de la fotografía y medicamento juntos situados bajo un emisor de verde negativo, con el nombre de psiónica.

En 1910 el doctor Albert Abrams, de San Francisco, detectó en el abdomen de un paciente canceroso una pequeña zona que al percutirla con el dedo emitía una nota opaca. Después de varias pruebas comprobó que dicha nota sólo se producía cuando el paciente se encontraba de cara al oeste, lo que le sugirió que podía tratarse de un fenómeno de naturaleza electromagnética, y que éste era influido por el campo magnético de la Tierra.

Esto le llevó a conectar al paciente con un hombre sano por medio de un alambre, lo cual le permitió comprobar que las «emanaciones» cancerosas del paciente inducían esta nota opaca en la misma área del abdomen del individuo sano. También llegó a comprobar que la presencia del paciente era innecesaria, que bastaba una muestra de su sangre para inducir una acción refleja en los músculos abdominales en los que hacía aparecer la nota opaca.

Convencido de que se hallaba en la pista de algo importante, se dedicó a realizar prueba tras prueba, comprobando que cada enfermedad producía esta nota sorda en áreas específicas del abdomen. Se hallaba ante un nuevo método de diagnóstico. No tardó en comprobar que las muestras de enfermos sifilíticos daban sonidos opacos en la misma zona del abdomen que muestras de pacientes cancerosos, pero sin inmutarse y creyendo que las «emanaciones» de la sangre enferma eran eléctricas, introdujo en el sistema una resistencia variable. Variando la resistencia comprobó que podía sintonizar las distintas enfermedades asignando a cada una de ellas un valor en ohmios. Llamó a su descubrimiento «reacción electrónica de Abrams» o ERA, y se hizo construir una caja especial de resistencias.

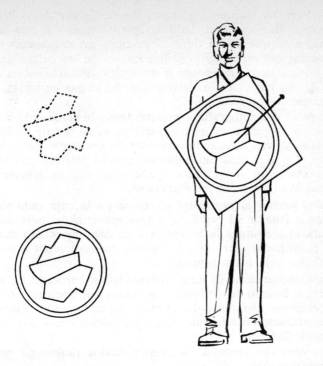

FIG. 7. Realización y colocación de un dibujo teleinfluyente, según Jean Martial.

También comprobó que cuando colocaba en su caja una muestra de quinina junto con una muestra de sangre de un enfecto afectado de malaria, las radiaciones de la quinina neutralizaban las de la malaria, eliminando la nota opaca. Esto le llevó a construir un aparato al que llamó *osciloclasto* que conectaba al paciente mediante un electrodo, y que producía potenciales negativos intermitentes y radiofrecuencias. En el circuito existía también una caja de resistencias sintonizada con el valor en ohmios adecuado para la enfermedad.

Hasta su muerte en 1924, el doctor Abrams utilizó este aparato con gran éxito en la curación de toda clase de enfermedades.

A su muerte, su obra fue continuada por sus seguidores, entre los que cabe destacar a Ruth Drown, Guyon Richards, Curtis Upton, William Knuth, Howard Amstrong y Henry M.

91

Gross. Pero ha sido en Inglaterra donde George de la Warr y su esposa Marjorie han dado un gran impulso a esta nueva ciencia, a la que se ha dado el nombre de radiónica.

Además del tratamiento y diagnóstico de las enfermedades, la radiónica se ha extendido a múltiples aplicaciones, la principal de las cuales es la destrucción de plagas agrícolas. Veamos como se procede:

Se toma una fotografía —preferentemente aérea— de la zona afectada y se coloca en un compartimento de la caja radiónica. A su lado se van colocando muestras de pesticidas hasta hallar cuál es el que al girar un botón de mando produce una mayor resistencia y un sonido más agudo. Con ello ya tenemos seleccionado el pesticida más adecuado.

Seleccionado el pesticida, se coloca en la caja radiónica la fotografía (mejor su negativo) y una muestra del pesticida, se enchufa el aparato a la corriente y se deja conectado durante 10 ó 15 minutos diarios. A los pocos días empiezan a notarse los efectos y la plaga remite.

Para la curación de una enfermedad se procede de modo similar, e incluso se obtienen resultados satisfactorios operando a enormes distancias. De la Warr ha conseguido resonantes éxitos tratando cosechas de África y América desde sus laboratorios de Oxford.

Las enormes ventajas de estos métodos radiónicos pueden resumirse así:

1) Eliminación de pesticidas y medicamentos (aparte de las pequeñas muestras necesarias para el tratamiento) con lo que esto representa para la salud y la ecología.

2) Abaratamiento de las cosechas, al eliminar los gastos de fumigación y abonos.

3) Aumento substancial de la producción, ya que los tratamientos radiónicos no sólo sirven para erradicar plagas, sino también para vigorizar y aumentar el rendimiento de las plantas.

Como podemos ver, la psiónica y la radiónica son una misma técnica, cuya única diferencia estriba en el camino recorrido para llegar al mismo punto. En cuanto al procedimiento de Al Manning ya podemos ver claramente que es una adaptación de la radiónica que utiliza como emisor a la pirámide.

Si ahora intentamos resumir lo común de todas las experiencias de que hemos hablado en un conjunto coherente, podremos formular dos postulados que creemos básicos:

1) Los efectos a que se somete una parte separada de un

todo son transferidos a este todo, sea cual sea la distancia que los separe.

2) Ciertas radiaciones son capaces de convertirse en ondas portadoras que conducen a su objetivo las vibraciones que se les confían.

Y si queremos pasar al terreno de la práctica, necesitamos también tres cosas:

1) Un testigo o fragmento de aquello sobre lo que queremos actuar.

2) Una orden o remedio cuyas vibraciones deben ser transferidas a aquello sobre lo que queremos actuar.

3) Un emisor capaz de producir radiaciones u ondas de forma suficientemente intensas, que sirvan de onda portadora de la orden o remedio que queremos transferir.

El testigo o fragmento necesario para actuar a distancia puede ser muy variado, pero lo más práctico es una fotografía lo más reciente posible (mejor aún el negativo). Las experiencias de Martial con fotografías y dibujos teleinfluyentes, así como los trabajos de De la Warr, dejan bien demostrada la validez de las mismas.

En cuanto al medicamento o la orden cuyas vibraciones queremos transmitir al receptor, si se trata de una orden basta con escribirla del mismo modo que lo hace Al Manning, o realizar un dibujo teleinfluyente como Martial; si se trata de un medicamento sirven los recetados por el médico.

Y por último, creemos que tras todo lo dicho, no debemos vacilar en recomendar una pirámide como generadora de la onda portadora, a la que de momento seguimos considerando como un buen emisor.

Ni que decir tiene que entran muchos otros factores en el proceso, como son por ejemplo el tiempo de exposición del conjunto testigo-medicamento a la acción de la pirámide, las dosis de medicamento a emplear, el color de la pirámide, el material de la misma, etc., y, sobre todo, la propia psique del experimentador. Pero todo ello no podemos resumirlo en unas pocas líneas, sería necesario para ello un tratado completo de radiónica.

Para experiencias sencillas, un caso de insomnio por ejemplo, bastará situar en una pirámide blanca (o mejor azul) debidamente orientada, una fotografía de la persona sobre la que se habrá colocado una pastilla del somnífero que dicha persona acostumbra a ingerir normalmente. Haciendo esto una media hora antes de acostarse y dejándolo durante toda la noche, los resultados serán sorprendentes. No olvidar, eso sí, concentrarse sobre la pirámide con la firme voluntad y creencia en los efectos.

Para finalizar este capítulo ya sólo nos basta advertir que todas estas experiencias deben hacerse con mucho cuidado y en ningún caso por mera diversión. Por nuestra parte hemos dudado mucho antes de decidirnos a suministrar tantas explicaciones, dado el peligro potencial que encierran de ser mal usadas; si por fin nos decidimos a hacerlo es a causa de que estas cosas van divulgándose cada día más y es inevitable que lleguen a ser ampliamente conocidas.

Por otra parte también hemos comprobado que la energía generada por una pirámide siempre es benéfica y de una potencia limitada, lo que impide realizar un uso indebido de los conocimientos que suministramos; pero de todos modos e incluso en caso de usarse con fines curativos, no nos cansaremos de recomendar, como ya lo hicimos al hablar de la curación en pirámides, que su uso nunca debe hacerse prescindiendo de los cuidados médicos necesarios. La pirámide ayuda y es eficaz, pero lo mejor es limitarse a ayudar al médico y no el querer serlo.

10

Otras experiencias

Pilas. Hemos recogido varias experiencias sobre el efecto de la pirámide sobre pilas eléctricas, y todas ellas señalan un ligero incremento de voltaje que parece oscilar entre 0,01 y 0,02 voltios. Dado que se necesita un instrumental de medición muy preciso del que todavía carecemos, no hemos realizado pruebas por nuestra parte, pero existe unanimidad en el efecto positivo de la pirámide y en el bajo voltaje de los incrementos. Éstos son diarios, pero no acumulativos, de modo que no se produce al final de la experiencia un incremento que sea la suma de los incrementos diarios. Se trata de aumentos de electricidad, variables diariamente, de debilísimas cantidades que se pierden a las veinticuatro horas de sacada la pila de la pirámide.

La importancia de estas experiencias no es de orden práctico, ya que de nada sirve ganar milivoltios. Pero si tenemos en cuenta que en los procesos vitales se generan o consumen cantidades de electricidad de esta magnitud, y está comprobado también que los vegetales bajo la influencia de estas mínimas cargas crecen mejor, mientras que cargas superiores les son fatales, todo parece apuntar a la existencia en la pirámide de una energía que puede convertirse o generar electricidad en estos debilísimos voltajes, que son precisamente los necesarios para la vida.

Motores, relojes y similares. La revista «Pyramid Guide» de Bill Cox registra a menudo casos de relojes, motores, máquinas de afeitar eléctricas, televisores, etc., que se han reparado solos al colocarlos en una pirámide. Incluso cita el caso de un individuo que afirma tener en su garaje una pirámide suspendida sobre su coche para que se cargue durante la noche. Según cuenta —lo cual nos parece a todas luces una grave exageración—, no ha tenido que cambiar aceite, ni filtro, ni ha tenido que efectuar reparaciones mayores en el coche, en los últimos 250.000 kilómetros.

King cita también algunos casos, e incluso el mismo Bill Cox narra una experiencia personal con un reloj digital.

Por nuestra parte hemos intentado realizar algunas experiencias de este tipo, pero tan sólo uno de nosotros parece estar muy ligeramente dotado para ello, ya que la única experiencia en que se consiguió algo la realizó él solo. Veamos cómo fue.

Uno de los autores aprovechó el cono de fuerza levantado por Uri Geller en una actuación televisiva para cargar un reloj desahuciado por la ciencia relojera. El reloj resucitó felizmente (manteniendo incluso el mismo retraso que en su anterior existencia) hasta finales de febrero de 1977, cuando, tras una semana de fuerte tensión nerviosa, tanto de su dueño como de media docena de personas que le acompañaban, decidió expirar por segunda vez.

El reloj fue depositado en una pirámide el 12 de marzo de 1977, y permaneció en su interior hasta el 26 de septiembre de 1977. En esta fecha, antes de extraer el reloj de la Cámara del Rey, se procedió a montar un «show a lo Uri». Ni la carga de la pirámide, ni la energía humana debieron ser muchas, porque el reloj, después de andar complaciente durante diez minutos, se paró definitivamente y hasta la fecha sigue difunto.

La única explicación que podemos ofrecer, es la que dimos en el capítulo 8 sobre la pirámide y las facultades paranormales. Si no se poseen, no aparecen; la pirámide puede ayudar algo, pero nada más. A nuestro protagonista le queda al menos la esperanza de que, con el uso constante de pirámides en nuestras experiencias, quizá también sus facultades, ahora latentes, vuelvan a resucitar algún día.

Antena. Toth y Nielsen, citan el siguiente caso: conectada una pirámide a la antena de un aparato de radio y sintonizada dicha radio entre dos estaciones de onda media, cuando situamos una segunda pirámide sobre la vertical de la primera, el altavoz emite un ruido parásito de anormal intensidad.

También conocemos casos de antenas de radio y televisión construidas con pirámides de lámina de aluminio. Estas pruebas han dado resultados unas veces buenos y otras regulares. Por nuestra parte, la experiencia de Toth sólo nos resultó con pirámides de aluminio; en cambio, al fabricar una antena de televisión, se produjo una serie de extraños fenómenos, que, sin embargo, carecían de la constancia o regularidad suficiente para extraer algún tipo de conclusión reveladora.

En nuestras experiencias con la televisión, aparte de que algunas veces la imagen mejora y otras empeora, lo más curioso es que la pirámide parece cargarse de una forma muy irregular. Cuando al cabo de un rato de estar la pirámide conectada a la antena de televisión pasamos la mano cerca de uno de los ángulos, se produce como una fuerte descarga de interferencias, experiencia que no puede repetirse hasta que la pirámide se ha vuelto a cargar, y esto tanto se produce en pocos minutos, como a veces tarde más de una hora. Falta, por consiguiente, la regularidad.

Otro efecto, éste mucho más constante, reside en las interferencias producidas por una puerta de madera que se halle a pocos metros del receptor de televisión o de la antena piramidal (para registrar este fenómeno no importan ni el ángulo ni la posición de la puerta, que incluso puede estar en otra habitación). En cambio, acercando objetos metálicos, no ocurre nada.

Magnetismo. Según King y otros autores, una pirámide suspendida por su vértice mediante un hilo sin retorcer, tiende a orientarse según el eje norte-sur magnético.

Valentine dice que hizo flotar cuidadosamente seis agujas de coser en seis escudillas de agua, y, colocando una pirámide encima de cada una, a los pocos minutos todas las agujas flotaban orientadas al norte magnético. En cambio dice que un amigo suyo que intentó la experiencia no lo consiguió, por lo que cree que la mente del experimentador tiene algo que ver.

Por nuestra parte hemos intentado las dos experiencias sin resultado. Hay veces que la pirámide colgada parece querer orientarse, pero a los pocos minutos vuelve a moverse y cambia de orientación. Incluso colgando la pirámide a bastante distancia y observándola de lejos, sin acercarnos para evitar movi-

97

mientos del aire, no conseguimos que la pirámide se quedara quieta más de un par de minutos.

También tenemos informes de que una pirámide de acero colocada sobre una brújula la desorienta, y lo mismo ocurre con pirámides construidas con alambre de acero o de cobre.

En este terreno no hemos efectuado ninguna comprobación hasta la fecha, ya que sólo hemos trabajado con pirámides metálicas de pequeño tamaño, las cuales no se prestan para estas experiencias. Por lo tanto, nos limitaremos a transcribir la experiencia más detallada que poseemos y que apareció en el «Pyramid Guide» de marzo-abril de 1978. Esta experiencia fue realizada por R. H. Williams, de Ontario, Canadá:

Efectos producidos en una brújula por una pirámide de alambre de acero de 30 cm de altura:
El día 2 de marzo de 1975 realicé algunos experimentos con la brújula colocada sobre una mesa de modo que estuviera orientada al norte (360°). Coloqué bien centrada sobre ella la pirámide de forma que una de sus caras estuviera orientada al norte. La aguja de la brújula se desvió 10° en la base. En la parte alta, tanto dentro como fuera, la desviación fue de 38°.

Las lecturas en las esquinas interiores fueron:

SE = 220°
NE = 30°
SO = 170°
NO = 35°

Y en las exteriores:

SE = 160°
NE = 8°
SO = 28°
NO = 8°

Por lo tanto, la energía magnética máxima no está situada en la Cámara del Rey, sino en el vértice. Sin embargo, he encontrado que el máximo efecto magnético se encuentra de 3 a 5 cm debajo del vértice, en el lado norte. La desviación de la brújula fue allí de 180°.

¿Qué ocurre cuando se apila una segunda pirámide sobre la primera? ¿Y una tercera, una cuarta, una quinta?

	Centro base	Vértice
1 pirámide	10°	38°
2 pirámides	20°	50°
3 pirámides	30°	60°
4 pirámides	36°	70°
5 pirámides	46°	80°

Imanes. Se ha intentado comprobar hasta qué punto podría influir en el rendimiento de la pirámide la introducción de imanes, y los resultados indican que los efectos dependen de la potencia del mismo. Imanes muy pequeños pueden dar resultados positivos, pero imanes de mayor potencia no sólo anulan los efectos de la pirámide, sino que si se está trabajando con plantas llegan a matarlas.

Se trata por lo tanto de un problema de intensidades. Sería muy interesante medir los valores en gauss críticos para cada tipo de resultados.

Los imanes solos, sin pirámide, actúan prácticamente del mismo modo que la pirámide sobre las plantas. Últimamente, Roy Davis y Walter Rawls han realizado excelentes trabajos sobre biomagnetismo.

Pilas piramidales. Los radiestesistas usan pilas formadas por cuatro o cinco semiesferas de madera superpuestas, orientando el conjunto al eje norte-sur, para producir momificaciones y emisores de verde negativo. Las pruebas que hemos realizado nos indican que efectivamente sirven para estos fines, si bien para las plantas son ineficaces o mortales; no parece existir un término medio, por lo cual sólo usamos las pilas para tratamientos radiónicos.

Hemos intentado construir acumuladores piramidales de diversas maneras: apilando pirámides de distintos tamaños con un centro único en la Cámara del Rey; colocando unas sobre otras tocando la base de una el vértice de la otra; del mismo modo pero dejando un espacio entre ellas; y por último empotrándolas unas en otras de manera que el vértice de la inferior quede dentro de la Cámara del Rey de la superior.

Todo esto lo hemos realizado con grupos de tres, cuatro y cinco pirámides. Hemos de reconocer que sólo hemos obtenido resultados con el último tipo descrito, pero estos resultados son curiosos y hasta desconcertantes.

No obtenemos, contra lo que era de esperar, más rapidez

de momificación con un conjunto de cinco pirámides que con una sola, al contrario, por lo general la momificación es más lenta, pero el aspecto final es más agradable. Los resultados son muy parecidos a los obtenidos con la pirámide china de la que hablaremos más adelante.

Transmisión de energía. La energía que sale del vértice de la pirámide puede utilizarse uniendo un alambre al mismo y conectando al otro extremo una placa metálica. Esta placa así conectada produce muchos de los efectos de la pirámide. Lo curioso es que si en vez de utilizar alambre de cobre, usamos un cordel y una placa de madera, la energía se transmite de igual forma, lo cual nos refiere de nuevo a la radiónica.

El ESP Laboratory de Al Manning vende un aparato formado por una bobina, una pirámide y un condensador variable, llamado «generador atlante».

King ha perfeccionado este generador y lo construye de la siguiente manera: enrolla un alambre de cobre sobre un tubo de cartón hasta conseguir sesenta espiras, uniendo luego los extremos al centro de las aristas de la base de una pirámide. Luego coge un segundo alambre y sobre la bobina construida anteriormente enrolla cien espiras en dirección contraria. Uno de los extremos de este segundo alambre va conectado a la entrada de un condensador variable, y la salida de éste se une mediante otro trozo de alambre a una placa de aluminio o cobre doblada en ángulo para que se mantenga en pie. El otro extremo del segundo alambre va conectado a otra placa en ángulo encarada a la primera (figura 8).

Según King, la energía de la pirámide se amplifica al tener el segundo bobinado más vueltas que el primero. El mando del condensador variable permite modular el flujo de energía; también separando o acercando las placas entre sí, se consigue graduar la energía. Es indiferente que el hilo esté o no aislado.

Como puede verse, este generador de energía piramidal es un aparato radiónico a base de energía piramidal y orgánica. Entendemos que el primer aspecto no precisa de mayor aclaración después del capítulo dedicado a la radiónica; en cuanto al segundo, tengamos en cuenta que un condensador variable, lo mismo que una bobina, son en realidad una especie de mantas orgánicas por estar construidos de capas de papel o cartón y cobre o aluminio. Ampliaremos estos conceptos en el apéndice 3.

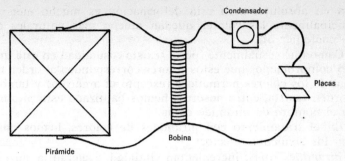

Condensador

Placas

Bobina

Pirámide

Fig. 8. Generador de energía de King.

Colores. Aparte de Joan Ann de Mattia, nadie habla de los colores al citar sus experiencias con la pirámide. De Mattia sólo lo hace para indicar que hay personas que para energizarse encuentran que hay colores que les van mejor que otros.

Por nuestra parte hemos realizado una serie de experiencias con pirámides de distintos colores (cada pirámide de un color), y con pirámides con una cara de cada color. Para ello hemos utilizado siempre pirámides traslúcidas de cartulina o plástico transparente coloreado. Nunca opacas.

Aun cuando es prematuro considerar definitivas nuestras conclusiones, podemos adelantar que los efectos son muy distintos según los colores.

En plantas (hemos trabajado con lechugas por su robustez, rápido crecimiento, y porque crecen en cualquier parte) hemos comprobado que las pirámides transparentes de color rojo son de una eficacia excepcional, mientras que las azules son menos activas que las incoloras. El orden de eficacia parece ser por orden decreciente: rojo, amarillo, incoloro, verde, azul.

Para la momificación el orden de eficacia también parece ser el mismo si nos referimos a rapidez (con pirámides traslúcidas de cartulina), pero aquí nos encontramos con un hecho muy curioso. Las pirámides de un solo color producen grandes deformaciones y en ellas las flores pierden mucho color. Pero si usamos una pirámide con un color distinto en cada cara, y lo que es más curioso todavía, si el orden de los colores es el siguiente: negro al norte; azul al este; rojo al sur; blanco al oeste, y la base es de color amarillo, el resultado de la momificación es notablemente superior al de cualquier otra combinación de colores. No queremos decir que las flores no se defor-

101

men en absoluto, pero esta deformación es mucho menor y principalmente los colores quedan mucho más naturales que con cualquier otra.

Como que casualmente (pero, ¿existe casualidad en este mundo?) comprobamos que estos colores corresponden al orden cardinal de los colores herméticos (excepto el amarillo) y también al orden taoísta, entre nosotros hemos bautizado esta pirámide con el nombre de pirámide china.

En el tratamiento con pirámides de colores, hemos observado los siguientes efectos:

Pirámides rojas: incrementan vitalidad, aceleran la curación de heridas, parecen rebajar la fiebre.

Pirámides anaranjadas: actúan como las rojas, pero son menos activas; parecen ayudar a los procesos digestivos.

Pirámides amarillas: tienen un efecto tónico sobre los nervios, pero también tienen raros efectos colaterales que nos han hecho prescindir de momento de las mismas, hasta que no podamos estudiarlas con más calma.

Pirámides verdes: tranquilizan los nervios, son tonificantes. También requieren un estudio más detenido, ya que los efectos son muy distintos según los tonos de verde.

Pirámides azules: muy calmantes en todos los aspectos. También son excelentes para la buena cicatrización de heridas; no aceleran la curación de las mismas, pero mejoran su aspecto, actúan como si fueran bactericidas. También son las mejores para la meditación. Su único inconveniente es que algunas veces, no siempre, producen somnolencia.

No hemos experimentado todavía con otros colores, y además hemos de advertir que cuando indicamos una preferencia para una acción determinada, no queremos decir que otro color no actúe, sino tan sólo que la de un determinado color es mucho más activa.

Otras formas. En estos momentos estamos empezando a experimentar con conos con resultados muy parecidos a los obtenidos con pirámides. De momento los resultados son todavía muy incompletos, pero podemos augurar que éste es un terreno de experimentación casi tan prometedor como la pirámide. Usamos siempre conos rectos y con las mismas proporciones que las pirámides; es decir, que por una altura de 10 cm, por ejemplo, usamos un diámetro de la base de 15,7 cm y así proporcionalmente, con lo que trabajamos con una inclinación de la su-

perficie cónica del mismo ángulo que en la pirámide (51°
51' 14").

También creemos que la semiesfera y la esfera deben ser
eficaces, pero no hemos realizado ninguna prueba por la dificultad de construir estructuras huecas con dicha forma.

Según Flanagan, también las espirales son efectivas, y si estudiamos los trabajos de Lakhovsky, comprenderemos que debe
ser así, pero nosotros sólo hemos efectuado, aunque hace ya
mucho tiempo, experiencias con plantas siguiendo las pautas de
Lakhovsky, y no las de Flanagan.

Segunda parte

Investigaciones paralelas

y

piramidología teórica

11

La energía universal

En la primera parte hemos intentado resumir más de cinco años de experiencias con las formas geométricas, especialmente las piramidales. Los resultados obtenidos nos han hecho admitir, no sin asombro, que la utilización de una simple estructura de cartulina permite influir sobre la materia, sea ésta orgánica o inorgánica, e incluso intervenir en los procesos vitales de los seres vivos.

No dudamos, por tanto, que pirámides, conos y otras estructuras originen efectos poco habituales, pero por supuesto, no aceptamos que estas formas actúen por sí mismas. Posiblemente la función de estas formas sea tan sólo la de obstáculos colocados en el camino de la propagación de las energías, siendo su especial estructura la que las modificaría consiguiendo estos efectos que nos asombran. Tampoco creemos que las transformaciones que sufren las energías sean muy radicales, más bien nos parece que se producen efectos de modulación, enfoque, acumulación y reflexión, sin que se altere básicamente su naturaleza.

Esta idea que acabamos de enunciar y que lógicamente no es más que una hipótesis de trabajo, nos ha llevado a intentar una aproximación a las diversas energías conocidas, tanto las admitidas por nuestra cultura, como las que no lo son. Todas ellas son distintas expresiones de una única fuerza que podríamos llamar Energía Universal, y de la que todavía nos quedan por descubrir numerosas manifestaciones.

Por otra parte, si conseguimos saber cuáles son las que actúan, podremos utilizar mejor las maquetas y construirlas con los materiales adecuados a cada caso, y lo que todavía es más importante, podremos conocer todo su campo de aplicaciones, que intuimos mucho más vasto de lo que imaginamos.

En este capítulo haremos un resumen de aquellas energías que a nuestro parecer podrían tener alguna relación con la actividad de la pirámide.

Hasta el presente la ciencia admite cuatro tipos de interacciones fundamentales en la materia, o, expresado de otra forma, cuatro fuerzas fundamentales, que dejan sentir su influencia en unas áreas llamadas «campos de fuerzas», cuya extensión depende de la masa de las partículas implicadas en las mismas.

Estos campos son: nuclear fuerte, nuclear débil, electromagnético y gravitatorio.

Los dos primeros campos, los nucleares, están constituidos por partículas que poseen masa, y como el radio de acción o campo de fuerza es inversamente proporcional a la masa de las partículas, su extensión no alcanza más allá de la dimensión atómica. Su acción es selectiva, ya que sólo actúan sobre aquellas partículas que poseen masa pero no sobre las que únicamente poseen carga.

Si las partículas carecen de masa, la interacción tiene un alcance ilimitado, y esto es lo que ocurre con las interacciones electromagnéticas, que poseen polaridad, pero no masa. Del mismo modo, el campo gravitatorio también es de alcance ilimitado, lo que demuestra que sus partículas carecen de masa, pero así como la partícula fundamental del campo electromagnético ha sido localizada (el fotón), en cambio la partícula fundamental del campo gravitatorio (el gravitón) no lo ha sido todavía.

De las cuatro interacciones fundamentales, únicamente la gravedad actúa sobre toda la materia, es siempre positiva y, como hemos dicho, su alcance es ilimitado. Debido a su acción, el Sol mantiene en órbita a la Tierra, y la Luna, si bien sujeta a la Tierra por dicha fuerza, ejerce sobre nosotros una serie de influencias, siendo las mareas la más conocida.

Contra todo cuanto parece demostrarnos la experiencia cotidiana, la gravedad es una fuerza de una debilidad increíble;

hacen falta cantidades ingentes de materia, los seis mil millones de billones de toneladas de la Tierra, para producir el modesto campo gravitatorio en que vivimos, tan modesto, que cuando mantenemos en alto un trozo de hierro sujeto por un simple imán, estamos contrarrestando toda la fuerza gravitatoria de la Tierra sobre dicho trozo de hierro.

Si a nosotros esta fuerza nos parece grande, es tan sólo porque, como hemos dicho antes, no se le conoce masa y únicamente carga positiva, o sea una única dirección. De esto se deriva nuestra impotencia en dominarla y sustraernos a sus efectos.

Al contrario, en el campo electromagnético existen partículas con cargas de dos signos opuestos distribuidas de tal forma en el campo de fuerzas, que prácticamente se anulan unas a otras. Esto no quiere decir que no existan campos electromagnéticos enormemente activos, como los rayos cósmicos, pero es debido a la predominancia aplastante de la carga de un signo frente a la del otro.

Por otra parte, la acción electromagnética es fundamental para la existencia de la vida, debido a que mantiene el equilibrio del átomo, agrupa a éstos entre sí para formar las moléculas, y en general, mantiene y transforma los estados de la materia.

La mayor parte de la energía electromagnética surge del Sol y las estrellas. La Tierra recibe un bombardeo continuo de ingentes cantidades de energía. La Tierra se protege de este ataque con la atmósfera y la magnetosfera con tanta eficacia, que la primera rechaza más de la mitad de dicha energía, dejando sólo dos «ventanas» por las que pasan las radiaciones correspondientes a la luz y las microondas; el resto es absorbido antes de llegar al suelo.

Todo este conjunto de radiaciones ha sido agrupado en lo que se llama el espectro electromagnético, que reproducimos (tabla 6).

La más poderosa de todas estas radiaciones son los rayos cósmicos, constituidos prácticamente por protones que viajan a muy alta velocidad, y que al chocar con las capas exteriores de la atmósfera desintegran las moléculas de aire, creando otras partículas casi tan energéticas como ellos mismos, la llamada radiación secundaria, parte de la cual llega a alcanzar el suelo. La mayoría de los rayos cósmicos se originan en las estrellas y otros en el Sol, aunque estos últimos son de menor dureza, por ser menor su velocidad.

Tabla 6. Espectro electromagnético.

Tipo de onda	Medición en centímetros
Aceleración lineal electrones (Stanford)	$0,067 \times 10^{-13}$
Sincrotón de electrones	4×10^{-13}
Rayos gamma	de 19×10^{-13} a 10^{-9}
Rayos X	de 10^{-9} a 10^{-6}
Luz Ultravioleta	de 10^{-6} a $3,9 \times 10^{-5}$
Límite luz visible	$3,9 \times 10^{-5}$
Color azul de vapor de mercurio	$4,358 \times 10^{-5}$
Color verde " "	$5,461 \times 10^{-5}$
Color amarillo " "	$5,770 \times 10^{-5}$
Luz roja del láser de helio-neón	$6,328 \times 10^{-5}$
Límite visibilidad rojo obscuro	$7,600 \times 10^{-5}$
Infrarrojo	de $7,6 \times 10^{-6}$ a 10^{-4}
Radiación superficial del Sol	10^{-4}
MICROONDAS	
reloj atómico de amoníaco	1,5
radar	10
línea del hidrógeno interestelar	21
ONDAS RADIO Y TELEVISIÓN	
TV - UHF	$3,7 \times 10$
TV - VHF	de $1,5 \times 10^2$ a $5,5 \times 10^2$
FM	de $2,8 \times 10^2$ a $3,4 \times 10^2$
Banda radio aficionados HF	de 10^3 a 10^4
Onda media MF	de 2×10^4 a 6×10^4
Audiofrecuencia (radio VLF)	de 10^6 a 10^9

Otra radiación que nos manda el Sol es el llamado «viento solar», producido por las erupciones solares y que consiste en una nube de protones que casi en su totalidad son apartados por la magnetosfera de la Tierra. Los pocos que llegan a las capas superiores de la atmósfera, son los que dan lugar a las auroras boreales y otros fenómenos similares.

Cada once años aproximadamente, se produce una turbulencia en las capas exteriores del Sol, que origina una ampliación de la corona solar y, paralelamente, un incremento de torbellinos oscuros llamados manchas solares. Pero al mismo tiempo se produce un incremento del campo magnético del Sol, lo que proporciona un efecto de protección para la Tierra, al desviar los rayos cósmicos duros, con lo que nosotros recibimos una cantidad notablemente menor de los mismos.

No creemos que los rayos cósmicos tengan mucho que ver con los fenómenos de la pirámide, pero sí en cambio las turbulencias solares, ya que si no directamente, sus consecuencias en todos los fenómenos electromagnéticos terrestres son tan notables, que por todas partes podemos percibir el efecto del ciclo solar de once años.

Todo el resto del espectro electromagnético tiene una influencia indiscutible sobre los fenómenos vitales, y de momento nos limitaremos a incluirlo entre los factores a tener en cuenta.

Sin embargo, en dicho espectro, a pesar de su nombre, no encontramos por ninguna parte otra energía que consideramos quizá la más importante por su acción sobre la pirámide: el magnetismo. El hecho es muy sencillo; el magnetismo no es más que un campo de fuerzas originado por la energía electromagnética en movimiento. Es decir, que todo campo eléctrico, sea el que sea, genera un campo magnético tan sólo por su movimiento.

Por pertenecer a las interacciones electromagnéticas, en todo campo magnético existen cargas de los dos signos, positivo y negativo, que se concentran en dos puntos opuestos llamados polos y forman unas líneas de flujo energético que circulan primero por el interior del cuerpo magnético desde un polo, el sur, al otro polo, el norte, para salir de éste por el exterior y volver a penetrar por el polo sur. Estas líneas de flujo forman los campos magnéticos interior y exterior de dicho cuerpo.

La Tierra, como todo cuerpo magnético, se comporta como acabamos de describir. Los problemas empiezan con la situación de los polos magnéticos que no coinciden con los geográficos, y que además se desplazan de lugar. Actualmente el polo norte magnético (que en realidad es el sur) dista del norte geográfico unos 1.900 kilómetros.

Este desplazamiento entre los polos geográfico y magnético es causa de discusiones entre los piramidólogos cuando se trata de orientar las maquetas. En España esto no es problema, ya que para nosotros el ángulo de desplazamiento es insignificante, pero en otras regiones de la Tierra esta diferencia angular puede ser muy considerable.

En cuanto a los campos de fuerza, el exterior es la magnetosfera, ya citada anteriormente, y el interior es un campo sumamente complejo y sometido a diversas perturbaciones cuyo origen es muy vario; las más destacadas son la acción del Sol,

111

la de la Luna y la de las corrientes eléctricas que circulan por las capas superiores de la atmósfera (la ionosfera). La combinación de estos factores produce unas variaciones cíclicas, continuas y lentas del campo magnético terrestre, que son susceptibles de medición.

Los físicos han intentado buscar un campo unificado dentro del cual las cuatro clases de interacciones entre partículas pudieran reducirse a una sola. Esto parece que recientemente se ha logrado, pero para ello ha sido preciso tener en cuenta la creación de nuevas partículas hipotéticas para poder resolver un problema trascendental: la simetría.

Vamos a explicarnos. Se dice de la esfera que es la figura geométrica perfecta, y esto es verdad en física, ya que la esfera hueca es la única figura que no ejerce ninguna fuerza resultante de tipo gravitatorio sobre las masas que se introduzcan en ella.

Desde el punto de vista de la física nuclear existen dos tipos de simetría: global y local. Una simetría global, es aquella en que cualquier transformación que ocurra se aplica uniformemente a todos los puntos del espacio. En una simetría local, cada punto se transforma independientemente de los demás.

Si hacemos girar la esfera hueca —que damos como forma perfecta—, sobre un eje polar, todos los puntos de la misma efectuarán una rotación con el mismo ángulo y la esfera conservará su forma. Habremos producido una simetría global.

Si en esta misma esfera movemos cada punto independientemente, empujando o atrayendo los puntos a nuevas posiciones en la superficie, pero conservando sus distancias a un centro fijo, la esfera sigue manteniendo su forma, por lo que la operación es una operación de simetría, pero cada punto se transforma independientemente de sus vecinos; por lo tanto será una simetría local.

Pero en esta última simetría existe un cambio de importancia: cuando los puntos se mueven independientemente, la membrana del globo se estira, y se desarrollan fuerzas elásticas entre los puntos desplazados. La teoría general de la relatividad y la teoría de Maxwell del electromagnetismo se basan en estas simetrías locales. Por lo tanto, toda teoría que deba unificar las cuatro fuerzas, debe poseer simetría global y local.

Para superar esta dificultad se ha creado una nueva simetría, tan notable incluso a nivel global que se le ha dado el nombre de supersimetría, y que engloba a las anteriores. También a la vez ha sido creado un nuevo concepto de supergravedad y elaborada la teoría de la existencia de una nueva partícula a la que se llamaría gravitino.

Comprendemos que cuanto decimos resulta muy confuso y complicado, pero hacerlo con todo detalle y de una manera asequible requeriría un espacio muy considerable y además unos cálculos matemáticos profundos. A nosotros nos interesan de modo especial unas conclusiones que creemos trascendentales: en todas las teorías explicativas de las interacciones entre partículas (es decir, de todos los fenómenos del universo), por avanzadas que sean, existen siempre dos factores constantes e inamovibles. Estos factores son la velocidad máxima de las partículas —que es la de la luz— y la existencia de una coordenada irreversible, el tiempo.

Por lo tanto, según la física, ningún fenómeno puede propagarse a mayor velocidad de 300.000 kilómetros por segundo, ni tampoco en un sentido de tiempo inverso. Ahora bien, existen los fenómenos paranormales, entre los que situamos algunos de los producidos por la pirámide, en los que estas dos constantes no se mantienen, como veremos en los próximos capítulos.

Esto implica la existencia de otro campo de fuerzas, paralelo e independiente del que reconoce la física, pero que puede actuar sobre el mismo y ser afectado por él.

Y dadas las interacciones comprobadas entre este nuevo campo y el tradicional de la física, también es forzoso aceptar que debe buscarse un nuevo campo unificado que englobe y explique a ambos campos, y comprender así la naturaleza de la Energía Universal.

Como es lógico, el primer paso para conocer esta energía parafísica, deberá consistir en el estudio de cuáles son sus características y qué interacciones se producen entre los dos campos, físico y parafísico.

Con todo esto no pretendemos decir nada nuevo o que no se haya dicho con otras palabras; lo que intentamos hacer es dar a un concepto, a una idea, presente en todas las antiguas filosofías y en algunas ciencias paralelas, una presentación y enfoque más acorde con los actuales conocimientos, y buscar si existe un sistema aceptable para nuestra ciencia actual para adentrarnos en su estudio.

Antes de comentar los estudios que se realizan sobre la Energía Universal y a modo de introducción a los mismos, citaremos las palabras del swami Vivekananda sobre el nombre más antiguo de esta energía: Prana.

«Es Prana lo que se manifiesta como movimiento, es Prana lo que se manifiesta como gravitación, como magnetismo. Es Prana lo que se manifiesta en las acciones del cuerpo como corriente nerviosa, como fuerza del pensamiento. Del pensamiento hasta la fuerza física más tosca, todo es sólo manifestación de Prana.»

En la tradición hindú, Prana confecciona el universo y es el origen de todas las energías, del mismo modo que en la tradición taoísta Ch'i, el espíritu vital es el espíritu cósmico que vitaliza y penetra todas las cosas, dotándolas de vida. Así, estas dos culturas orientales nos dan una definición de esta energía universal, que coincide con las características de la energía que se estudia en Occidente bajo diversos nombres, de los cuales quizás el más conocido sea el de «orgón». Creemos, sin embargo, que lo menos importante es el nombre. La energía es única, aunque sus manifestaciones puedan ser distintas debido a la distinta naturaleza de sus moduladores, sean éstos seres vivos o formas geométricas.

Siendo los seguidores de Wilhelm Reich los que parecen haber centrado sus esfuerzos en el análisis de la energía en su estado primigenio, anterior a cualquier modulación, dedicaremos el resto del capítulo a sus investigaciones, dejando para más adelante el estudio de la energía ya modulada.

La demostración científica de la existencia del orgón es un hecho. El doctor Reich utilizó medios científicos como contadores Geiger, sistemas electroscópicos y otros instrumentos al alcance de cualquiera con una formación científica, así como aparatos de su invención entre los que destacan un detector visual del orgón atmosférico, un medidor de campo y un acumulador.

Todo esto le sirvió para detectar una energía universal, viva, que no es eléctrica y que tiene una poderosa afinidad con los estados líquidos de la materia, en especial con el agua. Una energía que existe en el espacio extraterrestre, concentrándose como una envoltura alrededor de la Tierra, sobre la que forma numerosas corrientes diferenciadas, dentro del conjunto bioenergético que constituye nuestro planeta.

Algunos investigadores han llegado a diferenciar un total de treinta y dos corrientes, de las cuales destacan como más importantes una corriente planetaria que se mueve de oeste a este a una velocidad ligeramente superior a la del planeta, y una corriente galáctica que fluye de SO a NE, con variaciones locales y estacionales.

Esta energía interacciona de forma opuesta a las energías de la física actual, pasando de los estados de bajo potencial a los de potencial más elevado. Nos hallamos ante una entropía negativa o neguentropía, en la que los cuerpos cargados atraen a los de carga menor, extrayéndoles esta carga hasta que alcanzan el límite de su propia capacidad.

De toda esta descripción del orgón y sus efectos, nos interesa destacar una coincidencia significativa. En el capítulo 7, mencionábamos una experiencia de Schul y Pettit, en la que estos investigadores colocaban una pantalla de aluminio en el interior de la pirámide, al oeste de una planta de girasol, obteniendo como resultado una inhibición temporal del efecto de la pirámide. El aluminio parecía detener (cargándose) una fuerza que viene del oeste, una fuerza que se desplaza en la misma dirección que la corriente orgónica planetaria.

La mayor dificultad en el estudio del orgón reside, según T. J. Constable, el más conocido continuador de la obra de Reich, en que para poder realizar una investigación en este campo hay que tener, entre otras cualidades, la de saber «sintonizarse» con los procesos vitales. Diríamos nosotros que de una forma similar a la que es necesaria para la producción de los fenómenos parapsicológicos.

Ya hemos visto que la principal característica de esta energía, es la de ser una energía viva, o cuanto menos, portadora de vida; es por ello que la mayoría de sus investigadores los encontramos alrededor del campo bioenergético. Por la misma razón, le hemos dedicado el siguiente capítulo al que podríamos llamar «los moduladores vivos de la energía universal», pero nos ha parecido más simple titularlo «en busca de la bioenergía».

12

En busca de la bioenergía

En julio de 1977 podíamos leer en un conocido semanario que el periodista Robert Toth (no confundir con Max Toth) había sido detenido por la KGB en Moscú. La acusación que pesaba sobre el corresponsal de «Los Ángeles Times» era grave: espionaje de secretos estatales. Toth fue puesto en libertad después que los soviéticos se hicieron con una veintena de hojas, acompañadas de gráficos y fotos, que describían diversas experiencias bioenergéticas. Esta documentación había sido realizada por el científico Valery Petukov, director de un laboratorio biofísico controlado por el estado soviético.

Como vemos, en la URSS se cree en la bioenergía hasta el punto de considerarla un secreto de estado. Y esto no debe extrañarnos, porque la aplastante evidencia que nos suministra continuamente la investigación nos lleva a creer no sólo en la existencia de una energía propia de los seres vivos, sino también en la capacidad que tiene el ser humano de captar, a un nivel inconsciente, energías inmensas que puede modular y dirigir.

Las investigaciones de Petukov parecen haber demostrado la existencia de partículas energéticas, portadoras de información y susceptibles de ser medidas, que justificarían la existencia de la telepatía y demás fenómenos producidos por una energía distinta de las hasta ahora estudiadas por la física. Estas partículas se producirían en el momento de la división de las células.

La existencia de esta energía se ha visto confirmada por otras experiencias, como las realizadas recientemente por Kusch, Rabi y Milman, de la Universidad de Columbia en los Estados Unidos, que han demostrado, gracias a la ayuda de nuevos instrumentos, la existencia de vibraciones que se transmiten de molécula a molécula, convirtiendo a las células en transmisores y receptores de ondas que funcionan sin cesar.

Estas investigaciones son sólo una parte de las que se realizan en torno a la producción de energías por la célula, y no ha sido Petukov el único que ha comprobado la importancia de la mitosis, o proceso de división celular, en esta emisión de energías.

El pionero de estas investigaciones fue el soviético Alexander Gurvich, que ya en los años treinta había descubierto una radiación a la que llamó «mitogénica» porque se originaba durante la mitosis en las raíces de algunas plantas. Esta radiación, emitida también por los seres humanos, sería similar a la luz, y más potente que los rayos ultravioletas que recibimos del Sol.

En la URSS se han proseguido las investigaciones de Gurvich, ampliando sus descubrimientos en dos direcciones. La primera ha sido la dedicada al estudio de la influencia que la radiación mitogénica ejerce sobre los seres vivos.

En este sentido destacan los científicos Kaznacheyev, Schurin y Mikhailova, de Novosibirsk, Siberia, que después de realizar varios miles de experiencias llegaron a la conclusión de que las enfermedades se transmiten por medio de una radiación similar, aunque no lo son, a los rayos ultravioletas. Comprobaron que las células enfermas pueden contagiar a células sanas, aunque se encuentren separadas por una pared de cuarzo. Como las células se transmiten continuamente información, en el caso de enfermedad de las mismas es muy importante evitar que esta información sea recibida por las células sanas. Lo más curioso es comprobar que una de las substancias químicas que dichos científicos han utilizado con más éxito para interferir esta radiación nociva, ha sido el ácido acetilsalicílico, o sea la vulgar aspirina.

El segundo camino seguido por los soviéticos es el del análisis de la energía emitida en el proceso de la mitosis celular.

Mosolov y Kamenskaja han comprobado la existencia de

117

campos energéticos y de oscilaciones ultrasónicas, éstas con frecuencias del orden de 10^6 a 10^7 Hertz, que formaban parte de la radiación mitogénica. Boris Tarusov, director de biofísica en la Universidad de Moscú, afirma que la emisión de luz fría es común a todos los seres vivos y no una propiedad exclusiva de coleópteros como la luciérnaga. Las observaciones evidencian esta luminiscencia en forma de emisión de fotones, dentro de un área de frecuencias que abarca desde la luz visible hasta la ultravioleta.

Por si fuera poco, Tarusov ha descubierto el lenguaje del mundo vegetal, afirmando que por medio de la modulación de su luminiscencia, las plantas emiten señales que nos informan de sus necesidades y nos avisan de las enfermedades que las amenazan en un futuro próximo.

En los Estados Unidos, para algunos la búsqueda de la bioenergía ha sido precedida por la creación de un modelo electrónico con el cual han identificado el organismo humano.

Así, el doctor George Crile considera que cada célula es como una diminuta pila eléctrica que genera su propia corriente por medios químicos y utiliza como conductor al sistema nervioso.

Otros investigadores han continuado los trabajos de George Lakhovsky sobre la aplicación de corrientes eléctricas de baja intensidad para regenerar los tejidos humanos. Uno de ellos, Robert D. Becker, ha comprobado que la aplicación de estas corrientes continuas de diminuto amperaje consigue acelerar la curación de fracturas, restaurar los tejidos humanos y regenerar las células. Becker cree que la aplicación de un campo electromagnético induce en el núcleo una carga que al elevar el nivel energético de la célula incrementa su vitalidad.

Finalmente, creemos que las conocidas investigaciones de Cleve Backster con las plantas, nos proporcionan la evidencia de un nivel de comunicación entre todos los seres vivos. Recordemos, entre todas, aquella experiencia realizada sin la presencia de seres humanos, en la que las plantas reaccionaban violentamente en el momento de la muerte de camarones que se encontraban en una habitación alejada.

Esta reacción podría justificarse por la existencia de una red de información bioenergética que relacionase toda la biosfera.

Después de este breve repaso a los estudios sobre la bioenergía, vemos cómo se llegó al descubrimiento de los biocampos.

El psiquiatra John Pierrakos, es quizás el científico que ha sabido dar la imagen más gráfica de lo que es un biocampo; esta facilidad puede ser producto de su capacidad de visión directa del flujo bioenergético de sus pacientes, habilidad que le ha permitido, después de años de observación, llegar a las siguientes conclusiones:

El latido de las energías interiores del organismo, se expresa fuera del cuerpo como un biocampo que puede extenderse hasta una distancia de varios metros. Este biocampo tiene una pulsación continua, con una frecuencia del orden de 15 a 25 pulsaciones por minuto. Las líneas de fuerza que forman el biocampo adoptan una forma similar a un ocho, con variaciones producidas por su estado de movimiento continuo. En el biocampo influyen las condiciones atmosféricas y la polaridad de las cargas existentes en el aire que lo rodea.

De estas imágenes que nos permiten asimilar intuitivamente la idea del biocampo, pasaremos a una investigación que ya es famosa en el campo científico. Nos referimos a la iniciada, hace más de cuarenta años, por dos científicos de la Universidad de Yale, los doctores Harold Saxton Burr y F. S. C. Northrop. Estos científicos descubrieron cómo todos los seres vivos conservan su organización interna, a pesar de la renovación continua de las células.

La explicación reside en una compleja organización de biocampos dirigida por un campo más amplio y global al que llamaron «campo L». Éste cubre como una funda al organismo y lo controla por medio de los campos menores emitidos por los diferentes órganos. El control existe desde el nacimiento (en realidad desde la fecundación) hasta la muerte, manteniendo la forma característica de cada ser vivo a lo largo de toda su vida.

El campo L es algo más que una inteligente teoría; es susceptible de medida y con un aparato muy poco exótico: el milivoltímetro. Si queremos medir el campo L en un ser humano, bastará con que aproximemos un electrodo del aparato a la frente del sujeto, y el otro a la palma de la mano. La medida obtenida será la diferencia de voltaje entre ambos puntos del campo L. Observemos que no tenemos que llegar al contacto de los electrodos con la piel, ya que estamos midiendo un campo y no las corrientes superficiales de la epidermis.

Utilizando este sistema, el doctor Ravitz obtuvo cincuenta mil mediciones en quinientos pacientes. El estudio de este material le permitió afirmar la existencia de unos ritmos, similares a los conocidos «biorritmos», y que como éstos, describían los altibajos físicos y mentales a que están sometidos los seres humanos.

Estas experiencias confirmaron la teoría que este brillante científico, discípulo de Burr, ya había enunciado en 1948, y por la cual establecía que los estados mentales se reflejan en el campo L. Esto significa, simplemente, que podemos leer los pensamientos con la ayuda de un voltímetro de alta precisión, pudiendo saber así la relación que existe entre nuestro estado de ánimo y las energías que posee el biocampo.

Actualmente los investigadores aceptan la influencia de los factores meteorológicos sobre los ritmos del campo L, con lo cual volvemos a encontrarnos con la realidad de nuestra conexión con el cosmos. Por otra parte, los resultados obtenidos por Burr en la medición de los campos L de árboles, llevaba forzosamente a esta conclusión. Durante años Burr mantuvo a varios árboles conectados con voltímetros y el estudio estadístico del material resultante de las mediciones demostró la influencia del Sol, la Luna y la actividad geomagnética sobre el potencial de los árboles. Tanto las manchas solares, como la gravitación lunar influyeron en los campos L, con lo que se pudo afirmar rotundamente la sujeción del mundo vegetal a las fuerzas del universo.

La imagen que nos sugiere el conjunto de estas investigaciones pertenece ya al inconsciente colectivo, y es la del hombre taoísta, con los pies firmemente asentados en el suelo y su cabeza dirigida hacia los cielos, actuando como puente de unión entre las energías celestes y las telúricas. Quizás el científico de hoy está actuando sólo como traductor de unos conocimientos que siempre han existido, pero expresados en forma distinta.

Pensemos, por ejemplo, en el yogui captando la energía cósmica por medio del pranayama, y veamos a continuación lo que opina Viktor M. Inyushin de la obtención de bioplasma por el ser humano: «Las partículas del bioplasma se producen continuamente por la acción de procesos químicos en el interior de las células, *pero también existe un proceso de absorción, a través de los pulmones, de las cargas del medio ambiente»*.

Inyushin es el director del laboratorio de biofísica de la Universidad de Kazakh, en la URSS. En esta institución colaboró durante varios años con el famoso matrimonio Kirlian. Quizá su aportación más interesante es la del bioplasma, biocampo formado por partículas subatómicas.

Aunque reconoce la existencia de otros biocampos, considera que se encuentran estructurados por el bioplasma, al ser éste el más estable de todos ellos. Cree también que esta estabilidad está dada por el número equivalente de cargas de origen contrario.

Y para continuar con imágenes familiares a los conocedores del yoga, diremos que Inyushin afirma que existe una concentración de la actividad bioplásmica en la columna vertebral y en el cerebro, siendo en este último diez veces más intensa que en la piel o en los músculos. Asimismo, la actividad es más intensa en el área del plexo solar (¡recordemos los chakras!), y para satisfacer también a los practicantes de las ciencias ocultas, existe una emisión de cargas concentrada en las puntas de los dedos y en los ojos.

No debemos olvidar en este resumen, al matrimonio Kirlian, creadores de la cámara de su nombre, mediante la cual es posible fotografiar el aura o biocampo de todos los seres. Dejando de lado las actuales controversias de si lo que se fotografía es el aura o es tan sólo el llamado efecto corona (lo que podemos aceptar en el caso de los cuerpos inorgánicos, cuya radiación en la fotografía Kirlian es estable), no creemos que quepa la menor duda de que las variaciones continuas en tamaño y color que presentan dichas fotografías sean debidas exclusivamente al biocampo, tanto si lo que nos muestran es realmente el aura o tan sólo las modificaciones que dicho biocampo produce en el efecto corona.

Alexander P. Duvrov, biofísico de la Academia de Ciencias de la URSS, cree en la existencia de un campo que, por su capacidad de manifestarse en la forma de cualquier tipo de campo energético, puede asimilarse a un campo unificado. Recordemos que una teoría del campo unificado que justifique la existencia de una transición entre los campos energéticos físicos conocidos ha sido la pesadilla de todos los físicos actuales, y tan sólo en estos momentos se cree haberlo resuelto. Duvrov afirma tan sólo la realidad de este campo unificado en el nivel de los seres vivos, pero la conformación a nivel microcósmico sería el primer paso para ratificar la existencia de un supercampo que los englobase a todos, físico y biológico, en un nivel macrocósmico.

Este campo biológico unificado de Duvrov se originaría en el ser vivo como consecuencia de los cambios en la estructura de las proteínas, que producirían alteraciones en la naturaleza de los espacios submoleculares, originándose así un estado oscilatorio de alta frecuencia.

Por sus características, afines en ocasiones a la materia viva y en otras circunstancias al campo gravitatorio, se ha denominado a este campo «biogravitatorio». Duvrov cree que el organismo es capaz de recibir y transmitir las ondas biogravitatorias a considerables distancias, produciendo así todos los fenómenos estudiados por la psicotrónica (parapsicología). Asimismo existiría una capacidad de dirigir y enfocar esta energía que podría incluso convertir la energía de otro campo en materia, lo que explicaría las experiencias de Kevran sobre la transmutación de elementos químicos por los seres vivos.

A esta cualidad podríamos añadir la posibilidad del campo biogravitatorio de continuar existiendo con independencia del organismo que lo generó, lo que también sería una explicación del efecto Delpasse.

El efecto Delpasse es la demostración experimental de la existencia de una energía psíquica, o biocampo, que tras un proceso que es imposible sintetizar en estas líneas, es capaz de actuar en el campo físico incluso después de la muerte clínica. En el caso concreto de Delpasse, una persona que llevaba muerta más de media hora era capaz de conectar un televisor (téngase en cuenta que el cerebro empieza a descomponerse a los diez minutos siguientes a la muerte clínica).

Volviendo a Duvrov, diremos que la doble polaridad de su campo crea fenómenos de atracción y repulsión susceptibles de provocar fenómenos de tipo antigravitatorio, por lo que su existencia podría justificar todos aquellos fenómenos paranormales capaces de actuar sobre la materia, como la telecinesis, hasta ahora inexplicables.

Creemos que este breve resumen nos ha suministrado datos suficientes para que podamos construir una especie de retrato o modelo de la bioenergía, que podría ser el siguiente:

En el momento de la división celular se crean unos estados oscilatorios de alta frecuencia que producen la bioenergía. Ésta puede manifestarse en forma de fotones creadores de luminiscencia, por medio de radiaciones de frecuencia similar a los rayos ultravioletas, o como ultrasonidos o corrientes eléctricas, pero todas estas manifestaciones son sólo distintas presentaciones de una única energía.

Esta energía existe también repartida universalmente y acompaña a los fenómenos electromagnéticos, lo que hace que muchas veces pueda confundirse con los mismos, pero es totalmente distinta, y es capaz de ser captada por los seres vivos y por ciertas estructuras geométricas y determinadas combinaciones de materiales.

Esta fuerza interior al organismo, ejerce su actividad en un área a la que se llama biocampo, el cual se encuentra formado por varios campos menores emitidos por los distintos órganos del ser vivo. Los campos menores se encuentran estructurados por otro campo más estable, susceptible de medida e incluso fotografiable.

El biocampo puede extenderse sin límites y entrar en contacto con otros biocampos con los que intercambia información que en algunos casos puede representar un peligro y en otros una ayuda para el receptor de la misma.

Existe una interrelación entre el biocampo y otros campos energéticos, siendo de destacar la influencia que los campos cósmicos y telúricos ejercen sobre el mismo, así como la influencia que este biocampo puede ejercer sobre la materia inerte. Una consecuencia de estas influencias es la posibilidad de reforzar el biocampo y mejorar así el estado físico del organismo, utilizando para ello campos de alta frecuencia y baja intensidad.

Esta capacidad del organismo de controlar y dirigir su biocampo, ejerciendo así una influencia no sólo sobre los otros seres vivos, sino también sobre la materia inanimada, merece un capítulo aparte.

13

La bioenergía en acción

Quizás el fenómeno más irritante cuando se trabaja con la pirámide es la irregularidad de los resultados obtenidos. Éstos no son siempre los mismos, aunque se repita de forma idéntica la experiencia o la realicen dos personas simultáneamente. Incluso a veces ni se consiguen resultados.

Algunos investigadores han justificado este comportamiento caprichoso de las formas geométricas aduciendo la incidencia de factores meteorológicos y de variaciones de campos energéticos cósmicos y telúricos. Sin embargo, esta interpretación nos parece harto simplista y preferimos substituirla por otra, en la cual las fuerzas cósmicas y telúricas sean una de las variables a considerar en la experiencia y el propio investigador la variable principal. Esta hipótesis nos permite comprender cómo dos investigaciones iguales y simultáneas pueden arrojar resultados distintos: la respuesta a esta contradicción aparente reside en el único factor distinto en ambas pruebas, es decir, el hombre.

Recordemos que las famosas experiencias de Backster han sido repetidas con éxito por científicos como el doctor Marcel Vogel o el doctor V. M. Pushkin, y, sin embargo, en la convención celebrada por la Asociación Americana para el Avance de las Ciencias en 1974, se presentó un informe negativo sobre el intento de repetir dichas pruebas. ¿Tendríamos que suponer que las plantas se negaron a colaborar? Más bien creemos que la respuesta se encuentra en los trabajos que sobre la PES realizaron Schmeidler y McConnell en 1958, cuando al separar a los sujetos en grupos de «creyentes» e «incrédulos», comprobaron que los primeros obtenían más y mejores resultados que los segundos. Para decirlo de otro modo, la actitud emocional del sujeto, su creencia en la existencia de la PES, era fundamental para el éxito de la prueba; casi tanto, como las facultades innatas del sujeto.

Pero antes de extendernos sobre el tema de las emociones y la influencia de la bioenergía sobre la pirámide, intentaremos diferenciar las distintas zonas que abarca el campo de la parapsicología, o psicotrónica como gustan de llamarla los checos.

La investigación de todas las interacciones en que se encuentra implicada la bioenergía es sin duda un intento arduo y sobre todo polémico, si se quiere deslindar el conjunto de fenómenos en campos distintos. La mayoría de los investigadores han acabado coincidiendo en separar los hechos paranormales en dos áreas, según se produzcan procesos de información o acciones energéticas. Los científicos occidentales han dado en llamar al conjunto de los primeros PES y al de los segundos PK, mientras que los rusos por su parte han preferido un enfoque biofísico y nos hablan de bioinformación y de bioenergética.

Existe todavía un tercer campo de estudio, no admitido por todos los occidentales, y prohibido, por lo menos oficialmente, a los comunistas. Nos referimos al de la supervivencia, con todo su abanico de visiones en el momento de la muerte, experiencias extracorpóreas, apariciones, etc., que justificaría una continuación de la existencia consciente después del fin del cuerpo material.

De estas tres áreas, nos parece difícil aceptar una interacción de tipo informativo con un objeto inanimado como la pirámide (a pesar del precedente contrario de la psicometría), por lo que prescindiremos de la percepción extrasensorial como factor de influencia sobre las formas geométricas. En cuanto a la intervención de entes que existan más allá de la muerte, nos parece fuera de lugar, porque aun considerando la posibilidad de supervivencia, este hecho sería exclusivamente un caso particular de la bioenergética.

Nos queda por lo tanto tan sólo la bioenergética, o un proceso mixto de información y bioenergética, como responsable de la influencia del hombre sobre las fuerzas geométricas.

En este tipo de fenómenos, el sujeto parece tener la capacidad de captación de fuerzas exteriores a sí mismo, modulándolas al pasar a través suyo, para luego dirigirlas y enfocarlas, aplicándolas en el lugar deseado y en el momento escogido.

Toda esta hipótesis tiene una lógica propia. La alusión a fuerzas superiores (y por lo tanto exteriores) no está basada únicamente en las propias palabras de los dotados: «no soy más que un canal a través del cual fluye la energía», «no soy yo quien curo, sólo soy un instrumento del poder divino». Recordemos el reciente Congreso Mundial de Parapsicología celebrado en Barcelona durante el mes de noviembre de 1977. Una de las ponencias, la del profesor J. B. Hasted, de la Universidad de Edimburgo, citaba presiones de hasta cinco toneladas ejercidas por un niño para doblar metales. Parece altamente improbable que el organismo pueda albergar estas energías, por lo que el hecho de poderlas captar o acumular del exterior nos parece mucho más factible.

La idea de la modulación parece necesaria, ya que la fuerza que se utiliza para sanar, necesariamente no puede ser idéntica a la que se aplica para desplazar un objeto. Y en cuanto a la capacidad de enfoque en el espacio y el tiempo, es sobradamente conocida de todos los seguidores de las hazañas de Nina Kulagina o Alla Vinogradova.

Este esquema de la actuación del sujeto con capacidad bioenergética, nos parece sorprendentemente paralelo a la actuación de la pirámide, la cual, según hemos visto, también capta, modula y enfoca unas energías exteriores. El paralelismo continúa cuando estudiamos los efectos que tanto los dotados como la pirámide son capaces de conseguir.

De estos efectos conocemos diversas clasificaciones, habiendo esbozado nosotros mismos una, desde el punto de vista del consumo de bioenergía necesario para su producción.

Incluimos en el cuadro siguiente los fenómenos de información con los bioenergéticos, distribuyéndolos según se incrementa el consumo de energía.

A. *Fenómenos de información*

Son aquellos en los que se realiza un intercambio de información con la biosfera a diversos niveles.
Clarividencia
Telepatía
Psicometría

Retrocognición
Precognición
Etcétera.

B. *Fenómenos mixtos de información y bioenergía*
Son aquellos en los que, además de información, se suministra energía que actúa sobre un organismo vivo, generalmente para sanar o destruir.
Influencia sobre vegetales y microorganismos
Terapia psíquica
Cirugía psíquica
Etcétera.

C. *Fenómenos bioenergéticos*
De movimiento: Fenómenos por los que se alteran situaciones de reposo o equilibrio.
Telecinesis
Levitación
Etcétera.
De transformación: Fenómenos por los que se cambia la esencia o forma de la materia.
Deformación y rotura de metales
Grabado de signos o imágenes
Combustiones espontáneas
Etcétera.
Poltergeist: Fenómenos inconscientes de movimiento y transformación coexistentes en un área determinada.

De esta ordenación, muy rudimentaria, hemos seleccionado diversos resultados conseguidos por dotados que, en general, reproducen casos similares conseguidos por medio de la pirámide. Citaremos concretamente efectos de momificación, acción sobre seres microscópicos y vegetales, terapia psíquica, y, finalmente, casi como una demostración de la influencia del ser humano sobre las formas geométricas, comentaremos los generadores de Pavlita.

Creemos que esta comparación entre bioenergética y acción de la pirámide puede servirnos también de pauta para mejorar y ampliar nuestros métodos de trabajo con las formas geométricas, permitiéndonos elaborar nuevas y más interesantes hipótesis de trabajo.

Momificación. Retrocederemos en el tiempo hasta 1913 para citar un caso, algo macabro, ocurrido en Francia. A instancias de su colega el doctor Socquet, el doctor Durville se dedicó a magnetizar (de esta forma se denominaba entonces a la transferencia de bioenergía) una mano de cadáver. Empleó unos dos meses en la experiencia, que estuvo bajo el control continuo de una comisión de médicos y metapsíquicos (parapsicólogos). El resultado fue un éxito, tanto (y aquí aparece la nota macabra), que el doctor Durville utilizó posteriormente la mano momificada como pisapapeles encima de su escritorio.

Esta experiencia no es la primera registrada en el vecino país galo, ya que el año anterior había aparecido en los Anales de la Ciencia Física una relación de los experimentos realizados por el doctor Gustavo Geley con una incógnita dama de Burdeos, la cual momificaba por un sistema similar pequeños animalillos muertos.

Microorganismos. Volviendo a la actualidad, citaremos de nuevo el Congreso Mundial de Parapsicología de Barcelona, en el que el doctor Linares de Mula presentó una ponencia sobre el influjo ejercido por el ser humano sobre un determinado tipo de germen. El profesor Rovatti actuó mentalmente sobre los microorganismos, consiguiendo en unos casos aumentar el crecimiento en un 32 por 100 y en otros disminuirlo de una forma similar.

Según palabras del doctor Linares de Mula, con técnicas bacteriológicas se podía esperar una dispersión del 8 por 100 en más o en menos, por lo que creemos que se ha conseguido demostrar en España la facultad del ser humano de transmitir su bioenergía a otros seres vivos. Asimismo creemos que con esta prueba se ha confirmado la existencia del nivel de comunicación entre los distintos elementos de la biosfera que comentábamos en el capítulo anterior.

Vegetales. En relación con las plantas, y después de la publicación del libro de Peter Tomkins y Christopher Bird, *La vida secreta de las plantas*, hemos pensado que el lector debe conocer ya suficientes experiencias ajenas, por lo que preferimos proponerle una prueba que le permitirá averiguar el estado de desarrollo de su capacidad bioenergética.

Compre dos macetas de la misma capacidad y modelo, así como un saco de tierra. Mezcle bien la tierra y llene por igual ambas macetas. Coloque los tiestos de forma que reciban la misma cantidad de luz, aire y calor, pero separados el uno del otro. Escoja un puñado de judías, mézclelas bien y sepárelas en dos grupos iguales. Plante uno de ellos. Antes de plantar el otro manténgalo en su mano cerrada y concéntrese procurando no pensar más que en una cosa: transmitirle energía. Después siémbrelo y marque la maceta para diferenciarla de la anterior.

Riegue ambas macetas a diario y a la misma hora con igual cantidad de agua exactamente medida y de la misma procedencia. Dedique además cada día, después de regarlas, un mínimo de diez minutos, pero sin sobrepasar los veinte, para pensar en las semillas del tiesto marcado. Visualice imaginariamente como crecen y se desarrollan llenas de vitalidad; acarícielas con amor. No piense para nada en las otras, limitándose con ellas al cuidado habitual.

Cuando broten las plantas apunte la fecha de cada una, y cuando a su juicio alcancen un tamaño suficiente, dé por terminada la experiencia midiéndolas en milímetros. De ser posible realice una serie fotográfica de ambas.

Creemos que esta simple experiencia, que no le llevará más de quince días o tres semanas, le bastará para comprobar la gran eficacia de la acción bioenergética.

De no ser así, no se desanime, repase todos los pasos cuidadosamente, puede haber cometido errores. Si todo está en orden, puede que se encontrase en un momento de baja capacidad de energía o quizá todavía no ha desarrollado sus posibilidades bioenergéticas.

Terapia psíquica. Se agrupan bajo este apartado las actuaciones de tipo benéfico ejercidas por un organismo sobre otro. La representación más conocida del protagonista de estas actuaciones es la figura del curandero, imagen popular del emisor bioenergético con su terapéutica de pases magnéticos e imposición de manos.

La acción curativa, indudable en ciertas ocasiones, ha sido justificada de muchas formas. Recordemos entre otras la expuesta por Brian Josephson en la conferencia sobre PK celebrada en el Canadá en el año 1974. Para Josephson, la explicación se centraría en la acción que se ejerce sobre los enzimas del paciente.

Nos atrevemos a opinar que esta explicación, como todas las que se sitúan a un nivel biológico tradicional, se limita a definir parte de las reacciones ulteriores del organismo al aporte de información y energía proporcionado por el sanador. Si éste

129

es un individuo realmente dotado, sus pases magnéticos cumplirán la función de restablecer el equilibrio bioenergético del enfermo, de una forma similar a la acupuntura, pero menos directa. Estos movimientos que se inician en la cabeza y continúan hacia la zona afectada, seguirán las rutas nerviosas que unen ambas partes. Los movimientos continuados a una velocidad medida, proporcionarían un aporte continuo de energía al paciente, suministrándole también la información necesaria para despertar los centros adecuados del cerebro. Éstos enviarían las señales de aviso correspondientes a la zona enferma, para que ésta pudiese efectuar las reparaciones necesarias.

Nos encontraríamos así, no sólo con un fenómeno de suministro de energía, sino de información a nivel de biocampo. Con ellos, una persona con las cualidades adecuadas y la suficiente preparación, podría ayudar a cualquier organismo vivo en la recuperación de su salud.

Si consideramos válida la hipótesis anterior, tenemos que considerar la posibilidad de que la pirámide pueda captar algún tipo de información que sea beneficiosa para el enfermo que la utilice. A nosotros nos parece más prudente creer en una función de simple aportación de energía, que es lo que nuestras limitadas experiencias en este campo parecen confirmar.

Gracias a esta aportación podríamos utilizar esta forma geométrica para la curación de dolencias menores, de *stress* o de enfermedades psicosomáticas. Hemos observado que los mejores resultados se obtienen siempre cuando la persona que la utiliza es de tipo emocional (¡siempre las emociones!), lo que nos hace preguntarnos hasta qué punto sería eficaz este instrumento manejado por un curandero experto.

Generadores psicotrónicos. El funcionamiento de estos instrumentos es un fenómeno cuya interpretación ha suscitado numerosas polémicas. ¿Nos encontramos con una simple acción bioenergética o intervienen otros factores desconocidos? Si se trata de un fenómeno bioenergético, su clasificación es sencilla, podemos colocarlo bajo el epígrafe «C» de nuestra clasificación. De hecho parece ocurrir una sutil transformación, pasando la materia de que se compone el generador de un estado energético pasivo a una situación de acumulación activa de energía. La persona sintonizada con el instrumento puede utilizar la carga cuando, como y donde le interese, incluso a distancias de cientos de kilómetros.

Pero si existen otros factores, el asunto resulta más complicado, sobre todo porque es prácticamente imposible realizar experiencias con los generadores.

La historia de estos aparatos se encuentra envuelta en un misterio incrementado por la enigmática figura de su creador, Robert Pavlita, más parecida a la de un adepto alquimista, que a la de un científico actual. Desde afirmar que la idea de los generadores surgió de sus estudios de alquimia, hasta negarse a comunicar el secreto de su funcionamiento, Pavlita ha hecho todo lo posible para enervar a los científicos.

Sin embargo, parece existir una razón para todo este misterio: los generadores pueden ser unos instrumentos muy peligrosos. Esto lo sabe su creador, que en 1974 contó al conocido científico Stanley Krippner, la angustia sufrida durante los tres días empleados en la invención de un nuevo generador, necesario para poder revivir el brazo de su hija. Ésta lo tenía paralizado como consecuencia de una experiencia anterior.

Este relato nos trae a la mente la acción mágica del dorjé tibetano. Pero las personas que se interesan por el trabajo de Pavlita son en su mayor parte científicos e ingenieros, en general poco dados a la especulación con lo oculto. Por lo tanto, podemos deducir que estos generadores deben funcionar por medios relativamente al alcance de todos.

Una lectura atenta de la escasa información proporcionada por su autor parece revelarnos varias de las claves de este funcionamiento.

La forma geométrica tiene una importancia primordial. Se mencionan conos, cilindros, rectángulos y otras figuras. Los materiales son también importantes, pero siempre en relación con la forma. El elemento formado por una adecuada geometría, de unos determinados materiales, se relaciona con un área concreta del cuerpo humano, que según el autor, emite una energía específica. El instrumento así cargado, servirá sólo para unos fines limitados.

De esta manera, se obtienen hasta sesenta y ocho aparatos distintos, que corresponden a otros tantos centros emisores del organismo.

Cuando se quiere activar un generador, basta con realizar una sencilla operación, como ponerlo en contacto rítmicamente con una zona de la cabeza.

Podríamos decir por tanto que existe una capacidad bioenergética de acumulación en determinadas combinaciones de forma y materia, y un sistema de utilizar esta energía para diversos fines. Algunos de estos fines son altamente discutibles, como la afirmación de que es posible obligar a un ser humano a efectuar determinados movimientos. Pero otros han sido ampliamente comprobados y comprenden fenómenos diversos, entre ellos de psicocinesis.

Sin embargo, y aun aceptando la realidad de estos fenómenos, nos resulta difícil clasificarlos como procesos únicamente bioenergéticos. Creemos que se impone una mejor investigación y ésta podría realizarse a pesar del secreto en que se envuelve Pavlita.

La respuesta está en el pasado: en 1910, el señor de Tromelin presentó en el Congreso Experimental de Psicología francés, un aparato idéntico al ahora llamado Rotor Ripoff (véase apéndice 5), así como toda una serie de aparatos del mismo tipo, que nos recuerdan extraordinariamente los generadores de Pavlita. Es muy posible que en estos investigadores de principio de siglo encontremos la respuesta a las incógnitas de tipo psicocinético que nos presentan los generadores psicotrónicos.

Por otra parte, es difícil saber si estos instrumentos están cargados de bioenergía; nosotros avanzaríamos la hipótesis de que han sido conectados de alguna forma a una energía universal. Esto justificaría la capacidad, que les atribuye su creador, de mantener indefinidamente su carga. La operación que en realidad efectuarían sería la de captar energía del medio ambiente cada vez que se les proporcionara un estímulo bioenergético. Así, la bioenergía, a través de la forma, atraería energía del medio y la proyectaría según la pauta impuesta por el operador.

Quizá sea también éste el secreto del funcionamiento de la pirámide. La maqueta actúa como una antena que capta energía cuando el investigador le suministra un estímulo bioenergético inconsciente. Esto justificaría la irregularidad de funcionamiento que comentábamos al iniciar el capítulo.

La primera conclusión que arroja esta hipótesis creemos que es muy interesante: hay que aprender a manejar la pirámide. Y este aprendizaje, nos parece que tiene que ser muy similar a cualquier tipo de entrenamiento para desarrollar la capacidad bioenergética.

Aceptemos o no esta hipótesis, creemos que existen suficientes elementos de juicio para que podamos afirmar la realidad de la influencia del investigador sobre las formas geométricas.

14

El modelo cósmico: padre cielo

En los capítulos anteriores esbozamos la hipótesis de que algunas formas geométricas sirven como antenas receptoras de energías específicas. Sabemos hasta qué punto la recepción correcta en una antena depende de la adecuada correspondencia entre sus medidas y el tipo de energía que debe captar; conocemos también la existencia de una energía, de la que debemos seleccionar sólo determinadas manifestaciones. Sin embargo, al no disponer todavía de aparatos capaces de medir estas manifestaciones, no podemos determinar las medidas necesarias para nuestras maquetas; tenemos que limitarnos por lo tanto a copiar aquellos modelos en los que se ha comprobado la producción de efectos paranormales.

Aunque nuestras imitaciones a escala también consiguen resultados, no nos parece una actitud muy científica conformarnos con esta actividad mecánica, y creemos que deberíamos escoger un campo de investigación que nos permitiera deducir un conjunto de leyes generales. Así, podríamos pasar de una mera reproducción mecánica, a la creación de nuevas formas geométricas capaces de captar las fuerzas que deseamos, o al menos saber con certeza por qué funcionan las que ya conocemos.

Pero es que además creemos que este campo de investigación ya existe, y sería precisamente el constituido por el conjunto de aquellas formas que nos sirven de modelos. Es indudable que son muy diversos, desde objetos de culto hasta construcciones sagradas, pero sólo estas últimas han sido objeto de la atención masiva de los investigadores, y esta atención se ha reflejado en centenares de obras, muchas de ellas altamente discutibles, otras lo suficientemente consecuentes como para poder ayudarnos a encontrar la solución a nuestro problema.

Todos los estudios realizados coinciden en asignar a la construcción sagrada la capacidad de actuar como nexo de unión entre determinadas fuerzas celestes y telúricas. El ser humano situado en la zona de confluencia de estas fuerzas sufriría una transformación que haría de él un ser diferente.

Los autores difieren, no obstante, en cómo consiguió llegarse a los niveles de control energético que se manifiestan en la Gran Pirámide o en las catedrales góticas. Por nuestra parte hemos llegado a la conclusión de que se podría elaborar un modelo teórico de este proceso, independientemente del hecho de que dicho proceso se haya realizado dentro de nuestra protohistoria o en civilizaciones mucho más antiguas. Todo sería cuestión de tiempo, no de proceso.

En la confección de este modelo hemos intentado incluir todos aquellos elementos capaces de integrarse en una unidad lógica, y hemos obtenido el siguiente resultado:

Existen hoy —y creemos han existido siempre— seres humanos capaces de percibir sin ayuda de instrumentos las corrientes telúricas. Algunos de estos hombres se dan cuenta de que esta fuerza siempre es más intensa cerca de enormes peñascos, de fuentes, o de corrientes subterráneas, y la mayoría de las veces en la conjunción de ambas circunstancias; allí la vegetación es más exuberante y se percibe una extraña sensación de fuerza y bienestar.

Comprendiendo la influencia de estas fuerzas sobre los ritmos vitales, buscan la manera de dominarlas o canalizarlas, pero durante esta búsqueda, perciben grandes variaciones en este flujo energético, y comprenden que dichas variaciones se corresponden a ciclos de los astros de más fácil observación: el Sol y la Luna.

Construyen entonces observatorios sobre estos centros telúricos, aprendiendo mediante la observación del tiempo transcurrido entre un máximo de flujo energético y el siguiente, así como de sus fluctuaciones, que se corresponden con los movi-

134

mientos de estos dos astros, así como con los de otros como Venus y Júpiter.

La experiencia les enseña que determinadas rocas mejoran estas relaciones entre los poderes del cielo y la Tierra, y realizan entonces construcciones orientadas de acuerdo con la existencia de estos poderes.

Finalmente, y después de haber aprendido también la importancia de la forma, construyen edificios según las proporciones geométricas de la arquitectura sagrada, consiguiendo de esta forma seleccionar las energías necesarias para la mejor modulación de la fuerza telúrica.

Si bien no suscribimos necesariamente este proceso, pensamos que puede ser útil para darnos una idea de la existencia de energías beneficiosas para el ser humano, y para hacernos ver cómo pueden convocarse estas energías a través de formas construidas con unas medidas determinadas.

Creemos que en esta polaridad, energía-forma, reside el secreto de todos los fenómenos producidos por nuestras maquetas. Pero hemos visto también que este secreto se encuentra en las obras realizadas por los arquitectos sagrados.

La forma de desvelarlo sería, por lo tanto, intentar ponernos en el lugar de aquellos hombres geniales, para descubrir las fuerzas que nos influyen y tratar de comprender el sistema que emplearon para dominarlas.

Con esta intención, hemos pensado compartir con el lector a lo largo del resto de esta segunda parte, una serie de respuestas a las incógnitas que tenemos planteadas. Confiamos que estas respuestas puedan sernos útiles a todos, como punto de partida de una investigación cuyo final pudiera ser el libre acceso a las energías infinitas del universo.

La influencia del Sol

Hace unos años, el doctor Anatoli Podshibyakin, del Instituto de Fisiología Clínica de Kiev, descubrió una relación entre las manchas solares y los ritmos eléctricos de la piel.

Al parecer, en el momento en que se produce una erupción solar, cambia el potencial eléctrico en los puntos de acupuntura. Pero lo más interesante, no es tan sólo que se haya establecido una conexión entre ambos fenómenos, sino también que el cambio de potencial se produzca al mismo tiempo que el torbellino solar, aunque las partículas cargadas tardarán todavía horas en llegar a la Tierra.

Esto parece indicarnos que el Sol actúa sobre nosotros por medio de una energía diferente a la electromagnética, y, además que esta energía se desplaza a una velocidad superior a la de la luz (a la velocidad de la luz, los efectos tardarían en llegar a nosotros ocho minutos).

La investigación sobre las manchas solares ha alcanzado una importancia singular a partir de los trabajos realizados por el doctor John Eddy, del observatorio de Boulder, en los Estados Unidos. Estos trabajos fueron publicados a finales de 1977 en los famosos informes de la Smithsonian Institution.

El doctor Eddy utilizó para su estudio de la actividad solar una ampliación del sistema de la dendrocronología, consistente en el análisis de las cantidades de carbono 14 depositadas en los anillos anuales de los árboles.

Como ya vimos en el capítulo dedicado a las energías, el incremento de las manchas solares desvía los rayos cósmicos, con lo que éstos llegan en mucha menor cantidad a la Tierra. Esta disminución de los rayos cósmicos lleva aparejada una merma en la existencia del carbono 14. Por lo tanto, el anillo formado ese año en el árbol contendrá una cantidad menor de aquel elemento radiactivo. Conocedor de esta interrelación, el investigador se limitará a cortar árboles con la suficiente edad como para poder abarcar un período de tiempo lo más dilatado posible.

Así lo hizo el doctor Eddy, obteniendo un mapa de la actividad solar que cubría un lapso de 5.000 años, gracias al sacrificio de varios pinos gigantes de las Montañas Rocosas (fig. 9).

De esta forma consiguió identificar doce períodos de manchas solares, seis de los cuales eran de actividad mínima, y que curiosamente coincidían con fases de enfriamiento extremo del clima. Con ello fue posible establecer una relación entre la actividad solar y el clima.

En cuanto a las etapas de máxima actividad son dignas de destacarse las cinco más intensas. Concuerdan con los momentos de mayor retroceso de los glaciares, es decir, con épocas de máxima elevación de las aguas marinas. Concuerdan asimismo con cinco eras que han sido decisivas para la civilización occidental: Sumer, la Gran Pirámide, Stonehenge, el Imperio Romano, y las cruzadas con las catedrales góticas.

Estos ciclos tienen en común la importancia concedida a los mitos solares (Atum, Lugh, Mithra y Cristo) y a los telúricos (Isis, Lusina y Vírgenes Negras), produciendo como consecuencia el auge de una determinada arquitectura sagrada.

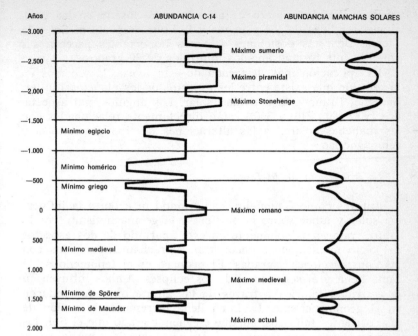

Años | ABUNDANCIA C-14 | ABUNDANCIA MANCHAS SOLARES

—3.000

—2.500 — Máximo sumerio

—2.000 — Máximo piramidal

— Máximo Stonehenge

—1.500 — Mínimo egipcio

—1.000

— Mínimo homérico

—500 — Mínimo griego

0 — Máximo romano

500 — Mínimo medieval

1.000

— Máximo medieval

1.500 — Mínimo de Spörer

Mínimo de Maunder

2.000 — Máximo actual

Fig. 9. Relación entre las manchas solares y el carbono 14, según el doctor Eddy.

Hemos visto que existe una sincronicidad entre las fuerzas solares y las terrestres, desempeñando el Sol un papel vital en la historia de la humanidad. Parece evidente por lo tanto, la importancia que tiene el conocimiento de la futura actividad solar. La predicción de las manchas solares permitiría tomar las medidas necesarias para mejorar el mañana de la humanidad.

¿Podría ser la Astrología capaz de realizar este tipo de predicciones? Así se lo pareció a John H. Nelson, un astrónomo aficionado al que empleó la RCA precisamente con el objeto de encontrar un sistema para predecir las manchas solares. En 1946 Nelson no estaba interesado en la Astrología, pero acabó utilizando un procedimiento de trabajo que situaba a la Tierra en el centro del sistema solar; utilizando este método combinado con el habitual heliocéntrico, consiguió predecir, con un 93 por 100 de aciertos, la actividad solar a corto plazo.

137

Este elevado número de aciertos está basado en las posiciones relativas de los planetas y la Luna respecto al Sol y la Tierra. De estas posiciones, las más importantes parecen ser aquellas que forman ángulos múltiplos de 30 grados.

La aplicación más destacada de esta teoría, la tenemos en la relación que existe entre los aspectos de los planetas Júpiter, Saturno, Urano y la actividad solar. Los ángulos mal aspectados (90°, 180°, 270° y 360°) están directamente relacionados con las manchas solares y las alteraciones de tipo gravitatorio y geomagnético.

La influencia de la Luna

Autores como Gauquelin, han tratado *in extenso* la influencia solar y lunar sobre la biosfera y el geomagnetismo. Por lo tanto, trataremos solamente en este apartado de dos aspectos del ciclo lunar que se encuentran estrechamente ligados con las construcciones sagradas. El primero es el fenómeno de la Luna llena y el segundo el de los eclipses. Ambos influyen en la actividad telúrica a través de las alteraciones que inducen en el geomagnetismo. La Luna llena incrementa la acción de las corrientes telúricas, aunque en menor grado que el Sol; los eclipses, tienen por supuesto el efecto contrario, especialmente los totales de Sol, que llegan a reducir de una forma notable las manifestaciones del telurismo.

Ambos fenómenos naturales, han tenido un gran influjo en las construcciones megalíticas, como veremos en el capítulo 16, influjo que se refleja en la capacidad de predecirlos que poseen muchas de estas construcciones.

Pronosticar el advenimiento de la Luna llena es relativamente fácil, ya que en relación a la Tierra, nuestro satélite tarda poco más de veintisiete días en volver a la misma fase. Este período sidéreo no coincide con el sinódico de veintinueve días y medio correspondientes a una órbita lunar completa, debido al movimiento de traslación de nuestro planeta, pero este desfase no afecta a la precisión del vaticinio, ni a la actuación de la Luna sobre los fenómenos terrestres.

Más complejo es el pronóstico de un eclipse, debido a que éste no vuelve a producirse hasta pasadas doscientas veintitrés lunaciones, o sea después de dieciocho años y once días. Sin embargo, los caldeos ya conocían este ciclo bajo el nombre de Saros, y lo utilizaban en sus predicciones. Sabían también que abarcaba un total de cuarenta y un eclipses solares, de los cuales sólo una parte eran totales.

Para que se produzca un eclipse total de Sol, no sólo debe situarse nuestro satélite exactamente en línea recta entre el Sol y la Tierra; es necesario también que los discos aparentes de ambos astros sean idénticos. Esto ocurre gracias a una circunstancia que es única en el sistema solar. Aunque la Luna es cuatrocientas veces menor que el Sol, en determinados momentos de su órbita se encuentra cuatrocientas veces más cerca de la Tierra que el astro rey.

Si observamos el ciclo producido por los eclipses totales de Sol, comprobamos que cada ochenta años se producen unos ciento veinte. Esto quiere decir que ciento veinte veces en este período de tiempo, una franja de sombra de unos doscientos kilómetros de amplitud recorre la Tierra, cortando en seco el aporte energético solar, y reduciendo bruscamente el flujo telúrico.

Ignoramos la trascendencia que pueda tener esta pulsación periódica, pero lo que no dudamos es que los arquitectos sagrados la conocían.

La influencia del medio ambiente

Al encontrarnos en una construcción sagrada, percibimos en ocasiones una atmósfera en la que se conjugan el sentimiento de trascendencia con una tensión especial. Somos entonces conscientes de haber encontrado un sitio construido por iniciados, distinto de otras edificaciones religiosas; un lugar donde existe una enseñanza perpetua. Entre aquellas piedras se produce continuamente una transformación del medio ambiente.

Deseamos terminar este capítulo con una breve referencia a las fuerzas en que vivimos inmersos, y que constituyen nuestro medio habitual. Un medio que, sin la menor duda, es muy diferente a aquel que crea la construcción sagrada en su seno.

Vivimos rodeados de electricidad, sin la cual no sería posible la existencia. Esta electricidad tiene un voltaje negativo en la superficie de la Tierra y uno positivo en la atmósfera, donde se va incrementando progresivamente su carga hasta el cinturón interior de Van Allen.

El campo electrostático formado tiene una frecuencia de ocho a catorce ciclos por segundo, siendo esta frecuencia la que regula los ciclos diarios del ser humano, según han demostrado las investigaciones de R. Wever del Instituto Max Plank.

Observemos también que el ritmo de las ondas cerebrales alfa es de diez a catorce ciclos por segundo.

Cuando el cerebro se encuentra en dicho estado, la persona tiene acceso a toda aquella información subliminal de la que no es consciente en el estado de vigilia normal. Esto parece indicarnos que si estamos en un estado de recogimiento, rezo, o meditación, el campo electrostático (o mejor dicho, el biocampo que lo acompaña) nos suministra información destinada a mantener los ritmos biológicos en este estado.

Pensemos que estas actitudes de recogimiento se producen habitualmente en un edificio sagrado, en el que el biocampo se encuentra modulado por las proporciones arquitectónicas. ¿Qué información recibimos en estos momentos?

Cabe preguntarse también si esta información periódica era la que preparaba el organismo y el biocampo de los fieles para su encuentro anual con las fuerzas telúricas que surgían poderosas del subsuelo.

15

El modelo cósmico: madre tierra

En los libros sagrados de la humanidad la Tierra aparece siempre bajo su aspecto generador. Es la *Mater Suprema*, y su espíritu, su fuerza, se manifiesta por doquier en la naturaleza. La expresión más evidente de esta fuerza, las corrientes telúricas, ha sido incorporada al conocimiento sagrado de los pueblos con nombres diversos que intentan definir su movilidad y su capacidad de otorgar la sabiduría. En unas culturas se la describe con la figura de la serpiente, en otras con la del dragón; a nuestra civilización fue incorporada en 1849 por W. H. Barlow bajo su aspecto más prosaico de corriente eléctrica.

Actualmente sabemos que la influencia del Sol, la Luna y las corrientes eléctricas de la ionosfera producen variaciones en el campo magnético terrestre. Estas variaciones originan a su vez corrientes eléctricas que, utilizando el suelo como conductor, circulan por el mismo según líneas de menor resistencia como fallas geológicas o arroyos subterráneos.

La existencia de estas corrientes puede detectarse midiendo con un potenciómetro la diferencia de voltaje entre dos electrodos hundidos en el suelo y separados unos cientos de metros. Estas medidas se efectúan en milivoltios por kilómetro.

Se han verificado alteraciones de origen lunar y solar, siendo el influjo de nuestro satélite de cuatro a cinco veces menor y notándose su influencia con un desfase de tres horas en relación a su paso por el meridiano.

En las mediciones efectuadas por don Antonio Romañá, del observatorio del Ebro, se observan variaciones diarias de intensidad, con un mínimo hacia las once de la mañana y un máximo hacia las seis de la tarde (hora solar). Estas variaciones parecen corresponderse con las del llamado componente vertical del campo magnético terrestre. También pudo comprobar que las fases lunares no modifican en absoluto dichas variaciones (figura 10).

Este escueto resumen delata, a pesar de su brevedad, la pobreza de nuestros conocimientos en relación con los de otras culturas, que han sabido utilizar las corrientes telúricas para su beneficio. Recurriremos, por lo tanto, a ellas para comprender las funciones y los sistemas de aprovechamiento de estas fuerzas, y conocer sus caminos y emisores naturales.

Las funciones

El poder de la Tierra adopta una multiplicidad de formas cuando intentamos comprender sus efectos: los peregrinos acuden a los lugares sagrados con la esperanza de aliviar sus dolencias; el deseo de fertilidad consigue del sexo femenino que se abrace a menhires fálicos o ingiera determinadas aguas; los novicios de diversos cultos se someten al flujo telúrico para alcanzar estados alterados de conciencia que los sitúen en la antesala de experiencias místicas.

Todo este conjunto de resultados, aparentemente distintos, difieren sólo en la naturaleza de las personas. El beneficio conseguido es mayor cuanto más completo es el equilibrio bioenergético de quien se acerca a la fuerza telúrica. El poder de la Tierra transforma los ritmos vitales, haciéndoles recuperar su armonía y aproxima al individuo cada vez más a una fusión con la energía cósmica. Esta recuperación de la armonía vital, se traduce primero en un mejoramiento de la salud, y después en una adquisición de conocimiento, en el sentido oculto del término. Es entonces cuando adquiere significado la imagen de la serpiente depositaria de sabiduría, que proporciona el acceso a otros aspectos de la realidad.

Los emisores

La energía telúrica se desplaza por terrenos impermeables con base arcillosa o pétrea. En su fluir por la superficie de la

142

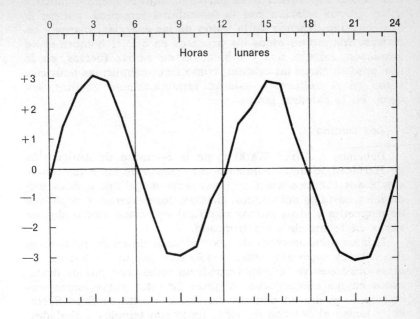

Fig. 10. Influencia de la luna en las variaciones del campo magnético terrestre, según mediciones de don Antonio Romañá.

Tierra, fertiliza arroyos, fuentes y pozos. Se concentra en cuevas y surge al exterior por rocas, colinas y montes. De todos los elementos citados, el agua y las cuevas son los acumuladores de la energía, mientras que los restantes funcionan como emisores de la misma.

Estas propiedades fueron recogidas por los constructores megalíticos e interpretadas a través del dolmen y el menhir. Las funciones diferenciadas de estas construcciones implican la existencia de dos tipos de energía: una, la que acumula el dolmen; otra, de diferente signo, la que el menhir enlaza con las fuerzas celestes. Esta unión sería necesaria para acabar con la «malignidad» de la fuerza telúrica, y ha sido representada simbólicamente por el mito de san Jorge y el Dragón, o por el de Apolo (el Sol) venciendo a Python (la fuerza telúrica) en Delfos.

De esta forma, veremos relacionado siempre el dolmen con cultos lunares, de los cuales la fertilidad de los sembrados es uno de sus aspectos. Por su parte, el culto al menhir, fálico y solar, guarda relación con la fecundidad femenina, porque la raza humana depende de la unión de las energías solares y telúricas. Por eso en todos los procesos en que el hombre se ve implicado, existirá una combinación de ambas fuerzas, en la que predominarán las celestes, como en el menhir, las telúricas, como en el dolmen, o estarán armónicamente equilibradas, como en la catedral gótica.

Los caminos

Debemos a Alfred Watkins, de la Sociedad de Anticuarios de Hereford, el descubrimiento del trazado de las rutas telúricas. Estos caminos unen en línea recta megalitos, iglesias medievales, castillos normandos, abadías, pozos sagrados, depósitos de magnetita y otros puntos significativos, como montículos de tierra en forma de cono truncado.

Existen alineamientos de doce y hasta de cuarenta elementos, a veces separados entre sí tan sólo por un kilómetro; en otras ocasiones se forman verdaderas redes, con puntos destacados en las encrucijadas. Algunas de estas rutas fueron cubiertas de piedra en tiempos del dominio celta en Gran Bretaña, y tenían el derecho de asilo, junto con templos y ciudades.

Watkins llegó a la conclusión de que cualquier línea que uniese más de cinco puntos de renombrada antigüedad era significativa y justificaba la existencia de un camino. La investigación actual (Watkins falleció en 1935), confirma gracias a la computadora, que estas rutas no son fenómenos casuales.

Durante años, el autor de *The Old Straight Track* creyó que los alineamientos eran senderos de la edad de piedra; parecía corroborar esta idea la similitud de nombres a lo largo de un alineamiento. Nombres de colores como rojo y blanco son comunes, así como los nombres Leigh o Ley, que proporcionaron a Watkins el nombre con que bautizó a estos senderos.

En su opinión, los caminos con nombres en los que figuraba el color rojo eran utilizados por el gremio de alfareros, y el blanco señalaba las rutas de la sal. Pero una serie de hechos demostraron que los Leys tenían, en general, un significado más profundo.

En algunos casos era claro que no podían ser antiguos senderos porque terminaban abruptamente en una colina, o pasaban por áreas impracticables. En otros se comprobó que coincidían con determinadas declinaciones astronómicas, lo que llevó al descubrimiento de que los alineamientos de megalitos estaban realizados según consideraciones astronómicas, e incluso que determinados sitios prehistóricos se ordenaban como las constelaciones, representando cada emplazamiento un determinado cuerpo celeste.

La observación de migraciones de pájaros y otros animales a lo largo de determinados Leys, hizo comprender la existencia de fuerzas subterráneas: en una época del año, los Leys se animaban con una energía vital que fertilizaba la tierra, dirigiéndose los campesinos a lugares concretos de acumulación energética, donde celebraban las ferias anuales.

Hoy se ha llegado a la conclusión de que a la red de los Leys se superpone el trazado, menos sutil, de rutas primitivas, formando en algunos casos una conjunción práctica de lo profano y lo sacro.

Entre el tigre y el dragón

Hasta ahora hemos visto los elementos que componen la fuerza telúrica, elementos que el taoísmo ha sido capaz de estructurar en un sistema que permite la integración del ser humano con el cosmos.

El hombre taoísta sabe que su bioenergía depende de una adecuada sintonización con las fuerzas telúricas del medio ambiente; fuerzas que a su vez están subordinadas a las vibraciones celestes. Esta interacción produce una serie de movimientos y cambios continuos que están regidos por la ley de polaridad del Yin y del Yang.

Esta polaridad la vemos reflejada en el cielo y en la tierra, de cuya unión surge la potencia cósmica, en forma de fuerzas similares a las corrientes del viento y del agua. El equivalente terrestre de estas fuerzas es asimismo dual, ya que las corrientes telúricas poseen también una polaridad. El taoísmo las clasifica en Kwei y Shin, o de una forma más descriptiva, en «tigre blanco del oeste» (Yin) y «dragón azul del este» (Yang).

De estos conceptos emana la ciencia «del viento y del agua» o Feng Shui, que es el arte de disponer las moradas de vivos y difuntos de forma que armonicen con las corrientes locales del aliento cósmico. Esta integración energética del hombre en el medio se realiza como un primer paso para llegar a la unidad con el cosmos, fin último de la ciencia taoísta, cuyo propósito es el beneficio de la vida humana.

Para realizar su trabajo, el artífice del Feng Shui cuenta

con su preparación en agrimensura, geometría, número y proporción, astronomía y astrología. Cuenta asimismo con dos instrumentos: la varilla radiestésica y la brújula geomántica.

Esta última es un instrumento complejo que sintetiza todos los conocimientos del geomante. Formada por un disco de madera o arcilla cocida de 15 cm de diámetro, tiene en su centro una aguja imantada, alrededor de la cual, en círculos geométricos concéntricos se acumulan los datos: declinación, los ocho trigramas, el Zodíaco, los veinticuatro períodos del ciclo solar, las veintiocho constelaciones, etc., pudiendo llegar la información a cubrir una treintena de círculos (figura 11).

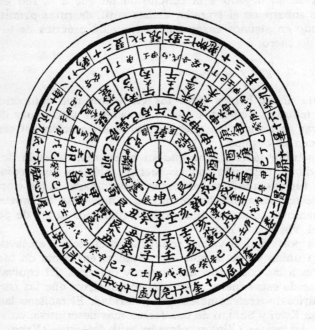

FIG. 11. Brújula geomántica.

Cuando se desea realizar un asentamiento humano, se empezará por descubrir las principales corrientes de energía del área. Para ello el geomante realiza un estudio de los cielos, identificando constelaciones y planetas con las cadenas de montes y colinas. De esta forma, sabrá por las posiciones de los cuerpos celestes cuándo y cómo se modificarán las corrientes locales. Siguiendo esta pauta, indicará donde excavar cimientos o perforar pozos, evitando «despertar al dragón» y respetando los árboles y rocas depositarios de la fuerza vital.

El resultado de estas acciones será un paisaje habitado, en el que viviendas y tumbas tendrán sus zonas principales orientadas hacia el sur (Yang) con «el dragón azul» a la izquierda y el «tigre blanco» a la derecha. Los aleros de las casas se colocarán a alturas distintas, para evitar líneas rectas, que podrían constituir peligrosos conductores energéticos. Los templos orientarán sus altares hacia el sur y se protegerán por colinas, especialmente del norte (Yin). En sus cercanías existirá un curso de agua.

Pero el adepto del Feng Shui puede hacer algo más que adaptar las construcciones al medio. En caso de necesidad modificará el paisaje para que las alturas escarpadas Yang y las elevaciones redondeadas Yin, estén en la proporción de tres a dos, favorable por su ligero predominio Yang. Debilitará los flujos demasiado potentes rompiendo sus alineaciones por medio de muros y pilares que modificarán la violencia de la recta en la suavidad de la curva. Reforzará asimismo las corrientes débiles, quitando de su camino los obstáculos que le roban su fuerza.

Esto fue aprovechado por los emperadores para hacer que los adeptos del Feng Shui desviaran las corrientes telúricas hacia el palacio imperial en Pekín para acrecentar su fuerza. Este acto estaba basado en la creencia de que la actitud del emperador era decisiva para el bienestar del país. De esta forma se aceptaba que la conducta impropia del hombre puede influir sobre la naturaleza y atraer toda clase de calamidades. A la influencia del cosmos sobre el hombre, se correspondería la de éste sobre el cosmos.

Los libros de Feng Shui nos describen como en los lugares abruptos las energías fluyen rápidas y violentas; en estos parajes moran los míticos inmortales. No es casualidad que este término «inmortal» se represente en China por los caracteres «hombre» y «colina». El inmortal es el hombre mutado por las energías que se acumulan en las zonas elevadas. Por esto determinados templos y pabellones se sitúan en lo alto de colinas, donde se unen las fuerzas de cielos y tierra.

Una vez se ha fijado la meta de su integración con la energía cósmica, el hombre comprende que existen unas vías de acceso a la trascendencia, susceptibles de ser recorridas si se adopta el método adecuado. Abandonando así su papel de simple receptor de fuerzas, elabora sistemas que le permitan construir sus propios caminos de poder; caminos que participarán de la doble naturaleza cósmica, incluyendo dentro de su unidad un aspecto Yin y otro Yang. Así, a través de la experiencia, el hombre consigue llegar a un método en el que expresa esta dualidad por medio del movimiento y del sonido, donde el movimiento, que puede adoptar una forma estática, representaría la polaridad Yin, mientras que el sonido cumpliría con la función Yang.

Todo método que no incluya, en una u otra proporción, ambos aspectos, será inadecuado para alcanzar la unidad cósmica. Veremos así innumerables formas de aplicación, pero todas serán bipolares, si bien, según las necesidades del actuante, se acentuará más uno de los aspectos para conseguir el equilibrio del método con el que lo practica. Otro punto común es la utilización de una técnica consistente en desconectar la mente de sus asideros habituales, con el objeto de abrir paso a los ritmos cósmicos.

Si consideramos los métodos en función de su polaridad, veremos como algunos se encuentran en una situación de equilibrio, en la que el exceso o defecto del aspecto Yin se compensa con el aspecto Yang. Ejemplos de este equilibrio nos lo proporcionan la mayor parte de los yogas, en los que el mínimo movimiento de los asanas se corresponde con el sonido interior de los mantras. Los voladores sufíes, por su parte, representan el equilibrio de signo contrario, con un máximo de movimientos y sonidos en forma de danza y música.

Otros métodos acusan un predominio del aspecto Yang, como determinadas obediencias del tantrismo búdico-tibetano, o el zen japonés, que contraponen la abundancia del sonido a la actitud estática de los practicantes. Finalmente, podemos destacar el aspecto Yin del Tai Chi Chuan, con sus series de movimientos realizados en silencio.

El sonido representa un papel fundamental en todos los métodos; hasta los movimientos circulares del Tai Chi, se realizan en un silencio específico del que no están ausentes la vibración y el ritmo. En los otros sistemas, el sonido lleva a estados alterados de conciencia a través de la repetición monótona, y produce cambios en los ritmos biológicos gracias a la acción de determinadas vibraciones.

Por su parte el movimiento puede llegar en su elaboración a constituir un auténtico ritual, creando entonces la necesidad del templo, donde sonido y ritual se integran a través del grupo con las fuerzas vitales convocadas por la arquitectura sagrada.

16

La arquitectura sagrada

La humanidad, en su afán de construir lugares para comunicarse con sus dioses ha cubierto de templos la faz de la Tierra.

Para distinguir los edificios capaces de convocar en su interior la energía cósmica, es necesario comprobar la existencia de cuatro características básicas que los diferencia de los simples lugares de culto: una orientación adecuada, que permite utilizarlos para predecir los movimientos de los astros y para un mejor aprovechamiento de la bioenergía; la utilización de unos materiales concretos en su construcción; su realización según medidas y principios geométricos específicos; y, finalmente, la existencia de intensas fuerzas telúricas en el emplazamiento.

Detallaremos a continuación las tres primeras características, según se presentan en el templo solar de Stonehenge, para terminar con un comentario sobre la actividad telúrica en Carnac y en las catedrales góticas.

Gracias a los análisis realizados por el método del carbono 14, corregidos con el nuevo sistema de la dendrocronología, se han podido distinguir tres fases en la construcción de Stonehenge, fases a las que los arqueólogos han llamado I, II y III.

Stonehenge I data del 2800 a. de C., y estaba formado por tres elementos circulares concéntricos: una zanja, una elevación de tierra y cincuenta y seis agujeros, llamados «de Aubrey» en honor a su descubridor, un anticuario inglés del siglo XVII. Existen otros elementos adicionales, formados por cuatro piedras a las que se ha llamado «estaciones» y cuatro postes de madera que se encontraban junto a la famosa Heel Stone. Este menhir, quizás el elemento más antiguo de Stonehenge que ha sobrevivido al paso del tiempo, está situado al NE, enfrente de una abertura de doce metros existente en la elevación circular de tierra.

Un observador que actualmente se sitúe en el centro del recinto, ve aparecer el sol del solsticio de verano sobre la Heel Stone; sin embargo este dato no es válido para establecer el factor de orientación, ya que el primer rayo luminoso aparece a la izquierda del menhir, y lo que es peor, hace 4.800 años, este primer rayo aparecía hasta cinco diámetros solares más a la izquierda del mismo. Según parece, el factor orientación viene definido en realidad por las cuatro alineaciones representadas en la figura 12.

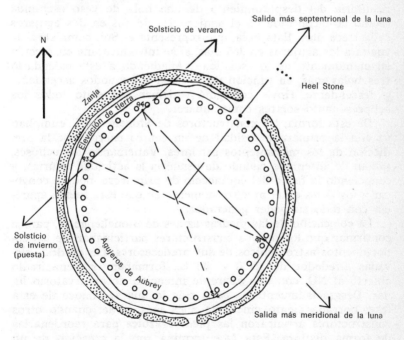

FIG. 12. Stonehenge I. Esquema de las principales alineaciones de orientación.

151

En todo caso la Heel Stone señalará el solsticio de verano a la contemporánea Orden de los Druidas de Gran Bretaña, pero en realidad, no lo hizo nunca a sus antepasados.

Este menhir más bien parece tener una función lunar, y así lo afirman investigadores como Newham, Atkinson y Hawkins. Estos dos últimos coinciden en el papel que este monolito desempeña en la predicción de eclipses: la aparición de la luna llena sobre el mismo en el solsticio de invierno, anunciaría un inminente eclipse solar o lunar.

Según el mismo Hawkins, los agujeros de Aubrey servirían también para la predicción de eclipses. Esta afirmación despertó en su momento las iras del mundo arqueológico, pero las comprobaciones posteriores del famoso astrónomo Fred Hoyle confirmaron este hecho, si bien utilizando para ello un sistema distinto del de Hawkins.

La investigación de Hoyle ha demostrado la existencia de un calendario solar en los agujeros de Aubrey; calendario que resultaría del desplazamiento de una bola de yeso esculpida (como la encontrada en el agujero 21) de dos en dos agujeros cada trece días. Esta bola, que representa el Sol, completará la vuelta a los agujeros en 365 días, si se introduce una corrección en el momento de los solsticios. Añadiendo a este calendario tres bolas más, en función de la Luna y los nodos ascendente y descendente, Hoyle consiguió vaticinar con éxito todos los eclipses, tanto solares como lunares.

De esta forma, los constructores de Stonehenge I, cumplían ya con la primera necesidad de un centro energético: la predicción de los movimientos estelares. Vaticinando los eclipses, sabían de antemano cuando descendería la actividad telúrica, y conociendo la fecha del equinoccio de primavera, podían convocar a los fieles en el preciso momento en que esta fuerza aparecía con todo su poder generador.

La colocación de las piedras azules de Stonehenge II, parece confirmar que los nuevos constructores participaban de los conocimientos astronómicos de sus predecesores. Las piedras, clavadas alrededor del 2130 a. de C., formaban un semicírculo abierto al NO, con una aparente intención de observatorio lunar. Desgraciadamente es poco más lo que se conoce de esta fase, borrada ciento cincuenta años más tarde, cuando otros constructores arrancaron las piedras azules para reordenarlas de forma distinta. Esta fase termina con la creación de un Stonehenge muy similar al que hoy conocemos: un cromlech formado por treinta menhires, que se diferencia de los demás al estar éstos adintelados por la superposición de otras treinta piedras gigantescas. En el interior de este círculo pétreo, se elevan cinco trilitos ordenados en forma de herradura abierta hacia el NE (figura 13).

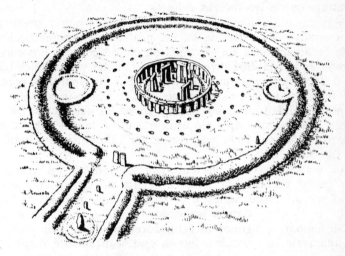

FIG. 13. Stonehenge III.

Este último Stonehenge, no sólo repite las alineaciones astronómicas de los anteriores, sino que introduce además el segundo factor básico en todos los centros energéticos: la piedra con mineral de cuarzo. En este centro se utilizó la piedra arenisca, como en otros el granito, pero en todos deberá estar presente el cuarzo, porque sin él, podemos afirmar que no existirá una auténtica capacidad energética. Así nos lo demuestran los arquitectos sagrados, que lo utilizaban ya muchos siglos antes de Stonehenge, y lo seguirán utilizando durante los siguientes 3.500 años sin interrupción.

No sabemos hasta qué punto las presiones o vibraciones a que puedan verse sometidas estas piedras pueden producir corrientes eléctricas con capacidad suficiente para conseguir efectos dignos de mención. Más bien parece que esta omnipresencia del cuarzo implique la existencia de otras propiedades de este mineral, aparte de la piezoelectricidad. Quizá, como en tantos otros fenómenos, la presencia de mínimas corrientes eléc-

153

tricas acompañe o provoque la actividad de las otras fuerzas que influyen en el biocampo.

Por otra parte, la actuación de estas ínfimas corrientes eléctricas, puede limitarse a activar la cualidad de antena cósmica que poseen estas construcciones. De esta forma, las presiones o vibraciones ejercidas sobre las piedras, iniciarían el proceso de atracción de las fuerzas celestes.

Más compleja que la incógnita introducida por la presencia del cuarzo, es la existente en las propiedades geométricas de estas construcciones. La principal dificultad con que nos encontramos, es la aparente diversidad de unidades y principios básicos utilizados en cada una de ellas. Y decimos aparente, porque hay indicios de la existencia de unas normas universales de proporcionalidad que regirían para todos los edificios sagrados. Puede citarse como ejemplo el que centros tan alejados como Chartres y Machu Pichu parecen haber sido edificados siguiendo una pauta musical.

La realidad es que nos encontramos todavía sin una base para poder realizar por nuestra cuenta un centro energético. A no ser que recurramos a la copia de un modelo existente —que es lo que estamos haciendo— o a los textos de magia.

Sin embargo, algunos investigadores actuales están realizando una serie de descubrimientos que seguramente llegarán a formar lo que será la arquitectura energética del futuro. Podemos citar entre ellos al británico Benson Herbert, que estudia la posibilidad de construir una casa «productora de poltergeist», relacionando así, los fenómenos bioenergéticos con las formas geométricas.

Otros científicos, han llegado a la obtención de datos básicos, sin apartarse tanto del área tradicional de investigación. Por ejemplo, el ingeniero Alexander Thom, de la Universidad de Oxford, cuyos trabajos de medición en centenares de centros megalíticos le han llevado al descubrimiento de unidades y principios geométricos comunes a todos ellos.

La contribución del profesor Thom es suficientemente importante como para que la citemos más ampliamente.

La unidad básica de longitud, según Thom, es la «yarda megalítica» de 2,72 pies (82,91 cm), nombre que nos atreveremos a traducir libremente por el de «vara megalítica», aunque sólo sea por su similitud con la vara española de 83,59 cm. A esta unidad se añade otra, múltiplo de la primera, dos veces y media mayor, que equivale a 207,26 cm. Thom la denominó «bastón megalítico», y se encuentra presente con tanta abundancia como la anterior en todos los centros megalíticos.

Las principales figuras descubiertas fueron la circunferencia, el triángulo rectángulo de lados 3-4-5 y 12-35-37, así como diversas clases de elipses. Característica específica de las circunferencias es que se intentó trazarlas siempre de manera que su longitud constara de un número entero de unidades; en ocasiones incluso se llegaron a deformar ligeramente estas figuras para conseguir expresar su longitud en unidades enteras.

Para obtener sus fines con suficiente aproximación, los constructores sagrados utilizaron en ocasiones un sistema doble: en primer lugar emplearon sólo los diámetros más convenientes; en segundo, aplicaron unidades distintas para medir el perímetro de la circunferencia y el diámetro de la misma. De esta forma, expresando el primero en bastones y el segundo en varas, consiguieron alcanzar una precisión notable, según podemos comprobar en el cuadro siguiente.

Diámetro en varas	Perímetro en bastones
4	5,02
8	10,05
12	15,08
16	20,10
......	....
32	40,21
36	45,238

Si calculamos la mayor desviación que se produce, veremos que es de un 0,53 por 100, que podemos considerar como prácticamente insignificante.

En el caso de Stonehenge se ha utilizado otro sistema, aplicando la vara por igual al diámetro y a la circunferencia; en el caso de la circunferencia delimitada por el interior del cromlech, la desviación decimal es tan sólo del 0,086 por 100. Y existen otras construcciones megalíticas, como el Anillo de Brogar, en Orkney, en que el diámetro de 125 varas arroja una desviación todavía menor.

Por supuesto no creemos que los constructores de estos centros energéticos tuvieran la menor obsesión por conseguir una exactitud matemática absoluta; creemos que estas relaciones son la expresión anecdótica de la selección de unas me-

155

didas y proporciones concretas con unos fines más trascendentes que el puro juego matemático.

Si hemos detallado los descubrimientos del profesor Thom, a pesar de que se limitan a demostrar la capacidad matemática del constructor megalítico, es porque nos parece que en esta capacidad está el secreto de las formas geométricas. A nuestro parecer, es necesario seguir las huellas del profesor Thom para conseguir desentrañar ese secreto.

Su sistema no tiene nada de esotérico, consiste simplemente en una medición *in situ* extremadamente precisa de los centros megalíticos. Este sistema puede ser eficaz porque los centros megalíticos, con toda su complejidad, son los más sencillos dentro del campo de las formas geométricas. Básicamente, están formados por líneas trazadas en un plano, siendo las piedras simples proyecciones de estas líneas en el espacio.

Es decir, que el centro megalítico se realiza en un solo plano, mientras que los demás centros energéticos están compuestos de una multiplicidad de niveles. Por lo tanto, el dominio de este plano debe ser nuestro primer paso para llegar a conquistar el mundo de las formas geométricas.

La serpiente en la catedral

Los diversos investigadores de las catedrales francesas dedicadas a la Virgen (Notre-Dame, Chartres, Reims, etc.) coinciden en afirmar la existencia de dos focos de emisión telúrica en el subsuelo de estas edificaciones. Estos focos estarían marcados en el pavimento de la nave catedralicia por el laberinto y por una zona, llamada el centro sagrado, sobre la que se sitúa el altar.

Esta doble emisión hace que nos preguntemos por la forma que adopta la corriente telúrica en el interior de estas construcciones. Es muy posible que la respuesta a este enigma se encuentre al otro lado del océano, en el Nuevo Mundo.

En Estados Unidos existen una serie de figuras cuyo tamaño gigantesco impide verlas por completo si no es desde el aire; nos referimos a las famosas serpientes realizadas sobre montículos, de las cuales quizá la más conocida sea la de Brush Creek, en el estado de Ohio. Estas serpientes, según parece, son la representación del «espíritu de la Tierra», y sus características comunes son la cola en forma de espiral y el estar construidas junto a cursos de agua, hecho este último, que confirma su función de centro telúrico.

Si superponemos un modelo reducido de esta serpiente al pavimento de la catedral, obtenemos una imagen de la energía que circula por el subsuelo. La cola en espiral coincidiría con el laberinto, una forma generada precisamente sobre la espiral. La cabeza, marcaría el centro sagrado alrededor del cual se ha edificado la catedral.

Si recordamos que la misma ha sido dedicada a la Virgen —*cuyo pie pisa la cabeza de la serpiente*— deberíamos comprobar si se cumple este simbolismo para poder confirmar nuestra hipótesis.

El «pisar la cabeza de la serpiente», es una forma esotérica de expresar que la energía telúrica ha sido detenida en un lugar con objeto de aprovechar su flujo periódico. Es un simbolismo afín al de san Jorge o san Miguel clavando su lanza en el dragón. El hombre del megalítico ya realizaba esta operación mediante el menhir, mientras que en la catedral, es precisamente la piedra del altar la que cumple esta función.

Vemos pues que la hipótesis tiene un sentido dentro de la lógica del edificio sagrado. Con la energía retenida por el altar, el principal foco de emisión telúrica se ve sometido a la acción de las fuerzas celestes moduladas por el edificio, mientras el foco secundario, encauzado por el laberinto, cumple la misión de iniciar a los fieles en un proceso de transformación que culminará junto al altar.

Esta iniciación en el laberinto se efectuaba a través de las «rondas pascuales», celebradas precisamente en el momento en que surgía con nuevo ímpetu la energía telúrica. El obispo, marcando el ritmo de avance por el interior del laberinto, mantenía a los fieles sometidos al flujo energético el tiempo necesario para que su organismo recibiese la energía adecuada.

Si seguimos el recorrido del laberinto por partes, veremos como las espiras del camino acercaban y alejaban a los fieles de la rosa central, máximo emisor energético. Se conseguía así dosificar la intensidad de la energía recibida, aclimatando al organismo para el encuentro final (figura 14).

El laberinto es por consiguiente una forma de sumergirse en el campo de las fuerzas telúricas, de recibir un bautismo de energía de la Tierra.

Al estar construido el laberinto sobre las líneas de fuerza del campo telúrico, podemos tener una idea de la forma de este campo; forma que por otra parte no es ningún secreto, ya que se encuentra presente desde hace más de seis mil años en muchos centros energéticos.

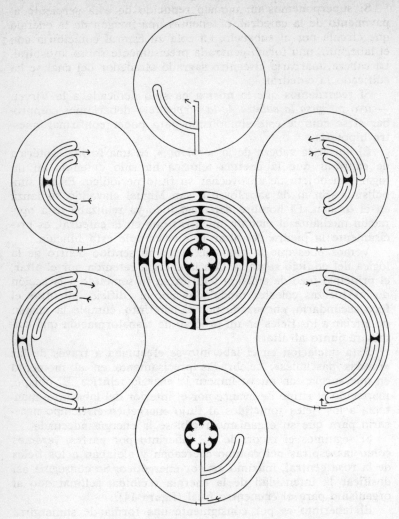

FIG. 14. El laberinto de la catedral.

Reproducciones de estos campos de fuerzas, así como de espirales, laberintos y serpientes telúricas, son comunes a toda la cultura megalítica, y es interesante saber que han sido realizadas utilizando una unidad, la pulgada megalítica, que es precisamente 1/40 de la vara megalítica.

Ejemplos de estas representaciones existen en España. Podemos citar los megalitos grabados de las islas de la Palma, Lanzarote y del Hierro, en Canarias, así como los de Mogor, en Galicia. Más conocidas son las representaciones del enterramiento situado en la isla francesa de Gavrinis, a unos quince kilómetros del centro telúrico de Carnac (figura 15).

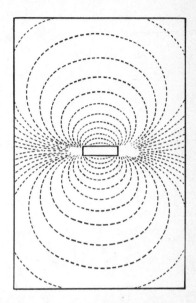

FIG. 15. A la izquierda, grabado megalítico; a la derecha, espectro del campo magnético de un imán.

El investigador francés Méreaux-Tanguy hace mención del parecido de estos grabados con el espectro del campo magnético producido por un imán; pero nos parece que aquí nos encontramos con la representación de un campo bastante más complejo que el magnético, como puede deducirse de la observación de la figura. Esto no excluye al magnetismo como una de las manifestaciones que acompaña siempre a la energía telúrica, según el mismo Méreaux-Tanguy parece demostrar con sus mediciones magnéticas en el centro telúrico de Carnac.

Estas mediciones han arrojado unos resultados muy significativos en este sentido. El área que limita las alineaciones megalíticas es magnéticamente estable, con ligeras variaciones.

Pero en el exterior de la zona enmarcada por las cadenas de menhires, las oscilaciones abarcan de — 400 a + 1.100 gammas.

El investigador francés afirma que Carnac es una central de energía que ya no sabemos cómo utilizar. Afirmación que parece difícil no compartir, vistos los resultados de su investigación.

17

La Gran Pirámide: templo sagrado

Ya hemos visto, aunque sumariamente, que un templo sagrado es mucho más que un simple lugar de culto, y que se precisan unas condiciones muy específicas para que podamos otorgarle semejante categoría.

Establecidas estas condiciones, creemos que ya podemos enfrentarnos al gran problema que divide a todos aquellos (arqueólogos o no) que sugestionados desde tiempo inmemorial por el misterio y la grandiosidad de las pirámides no cesan de preguntarse: ¿Qué es la Gran Pirámide? ¿Es la tumba de Keops? ¿Es el testamento cultural del Antiguo Egipto? ¿Es un templo sagrado dedicado al dios solar Jnum?

Vamos a analizar estas preguntas y a intentar darles una respuesta.

En primer lugar, creemos que para que la Gran Pirámide fuese la tumba de Keops, sería preciso demostrar que su construcción empezó y terminó durante su reinado.

No olvidemos que, según los mismos arqueólogos que afirman rotundamente que la Gran Pirámide es una tumba, ningún faraón ocuparía una que él mismo no se hubiera hecho construir; de morir antes de concluirla, su sucesor la terminaba de cualquier manera. Tras la muerte prematura de Micerino, su sucesor terminó la pirámide substituyendo el revestimiento de granito por roca calcárea.

161

Muy distinto es el caso de la Gran Pirámide. Sabemos que fue cuidadosamente terminada, y que sus caras estaban adornadas con millares de jeroglíficos lamentablemente desaparecidos al ser expoliada de su revestimiento.

Esta observación sobre la total paternidad de Keops, adquiere toda su importancia cuando, según veremos, parece totalmente inadmisible que la Gran Pirámide fuera construida en el tiempo que afirman los arqueólogos.

En efecto, todos barajan cifras de veinte años y cien mil obreros. Pero ninguno nos explica cómo podían evolucionar cien mil obreros en la meseta de Gizeh sin estar pegados los unos a los otros y estorbarse mutuamente. Nadie habla de cómo pudieron resolverse los problemas logísticos que representa acomodar y alimentar a tanta gente. Nadie nos aclara cómo una nación de unos cinco millones de habitantes, como era entonces Egipto, podía destinar tal masa humana a una sola tarea y atender al mismo tiempo las demás necesidades de la nación, como son las de ejército, agricultura, comercio, etc.

Se ha calculado que hoy día, con los elementos técnicos de que disponemos, ninguna nación con menos de cien millones de habitantes —aparte de una ingente riqueza— sería capaz de construir algo semejante, y mucho menos en tan poco tiempo. Y todo ello dando por resueltas las dificultades de transporte y construcción, cosa que, como se vio al intentar salvar los monumentos que debían quedar sepultados por las aguas de la presa de Asuán, dista mucho de ser cierta.

Por otra parte, la cifra de veinte años la facilitó Herodoto, pero este autor añade también que antes de comenzar la construcción de la pirámide, se emplearon diez años en preparar la calzada previa para el transporte de las piedras, con lo que ya tenemos la cifra de treinta años. Además, queda todo el resto del complejo «funerario», de cuyo tiempo de construcción nadie dice nada.

Tampoco nadie se pone de acuerdo sobre el tiempo que reinó Keops. Las cifras que nos dan los arqueólogos oscilan entre los veintitrés años que cita el papiro de Turín, y los sesenta y tres de Manetón. Si tenemos en cuenta que Manetón estableció la lista de los antepasados de su faraón por encargo de éste, interesado en alargar al máximo la antigüedad de su estirpe, y que casi unánimemente se considera como válido el papiro de Turín, la Gran Pirámide no pudo ser empezada y terminada por Keops.

Lo curioso de este desconocimiento real del Antiguo Imperio, es que, al tener que basarnos en papiros semidestruidos, mientras nos faltan datos de trascendental importancia, en cambio conocemos detalles insignificantes. Pero incluso estos detalles insignificantes tienen su importancia, y vamos a citar uno de ellos que apoya nuestra tesis.

En tiempos de Snofru, padre de Keops, existió una dama llamada Merit-Ateles, que pertenecía al harén del faraón; pues bien, esta misma dama consta todavía en tiempos de Kefrén, sucesor de Keops. Si tomásemos como válidas las cifras de Manetón y aceptamos que Snofru reinó veintidós años y Keops sesenta y tres, ¡ya nos dirán qué edad tendría dicha dama en tiempos de Kefrén! En cambio, si aceptamos el papiro de Turín, la secuencia cronológica es más verosímil.

Con todo, podemos llegar a admitir que la Gran Pirámide fue terminada por Keops, si aceptamos como garantía el sello del mismo presente en las cámaras de descarga de la Gran Pirámide; aunque después de las expoliaciones que nos cuentan los arqueólogos, es una garantía bastante precaria.

Pero lo que no podemos aceptar por los motivos que hemos citado, y que podrían ampliarse hasta el infinito, es que la Gran Pirámide fuese empezada por el mismo Keops, y que, por consiguiente, estuviera destinada a ser su tumba. De hecho, tal vez la utilizara para ocultar el verdadero emplazamiento de la misma.

Creemos que a estas alturas ya nadie duda que la Gran Pirámide sea el testamento cultural de los antiguos egipcios, lo cual no es obstáculo para que también sea un templo solar. Lo que no podemos tener en cuenta son las exageraciones que se han realizado en este sentido, desde Piazzi Smith, que llegó a limar algunas piedras para que le cuadrasen los números, hasta Barbarin, para el cual cada milímetro tiene un lugar en el tiempo y en la estructura de la Gran Pirámide se hallan previstos incluso hechos insignificantes, faltando, sin embargo, el descubrimiento de la bomba atómica y la segunda guerra mundial (de todos modos tengamos en cuenta que los trabajos de Barbarin datan de 1938).

En este problema del testamento cultural y de su calidad de templo sagrado, existe todavía un punto que es el centro de enconadas discusiones entre arqueólogos y místicos: ¿Se construyó la pirámide tomando como base el número pi, o se hizo en base del número phi (el número de oro)? Intentaremos aportar un poco de luz a este problema.

Según los arqueólogos que sólo admiten la presencia del

número pi en la edificación de la Gran Pirámide, la fórmula base para su construcción es la siguiente:

$$\text{Base} = \frac{\text{altura} \times 2}{\text{tangente del ángulo de pendiente}}$$

en la que la tangente del ángulo de la pendiente es igual a $\frac{4}{\text{pi}}$.

El mejor estudio que se ha realizado sobre el número de oro (phi) aplicado a la Gran Pirámide es el de Théo Koelliker, quien tras una serie de cálculos y demostraciones que no podemos resumir aquí, llega a la conclusión de que la Gran Pirámide fue construida en base al número phi. Entre todas las posibles combinaciones llega a las siguientes proporciones:

Base = 2   Altura = raíz cuadrada de phi

Con lo que llega a la fórmula de construcción:

$$\text{Base} = \frac{\text{altura} \times 2}{\text{raíz cuadrada de phi}}$$

Como podemos ver, hemos llegado a dos fórmulas muy concretas y cuya única diferencia consiste en el denominador. ¿Es posible hallar quién tiene razón? ¿O por el contrario pueden unificarse ambos criterios?

A nuestro entender la extrema sencillez de la respuesta es la causa de que nadie haya atinado a encontrarla.

Para solucionar un problema hay que situarse en la mente de quien lo planteó y prescindir de nuestros propios conocimientos. Situémonos pues en la óptica de los constructores de las pirámides.

En aquella época no existían los decimales, todo se solucionaba con fracciones. Veamos cómo lo hacían:

En 1858 fue descubierto en Luxor un papiro que se conserva en Londres con el nombre de papiro Rhind, en el que se resuelven una serie de problemas matemáticos entre los cuales existen seis que se refieren a la solución de pendientes de pirámides, dadas la base y la altura.

En estos ejercicios, el ángulo de la pendiente viene expresado en palmos, que corresponden al numerador de la fracción, ya que el denominador (que se sobreentiende) es siempre un codo de siete palmos. Para obtener el valor de la cotangente basta por lo tanto dividir por siete las pendientes relacionadas.

Si bien es verdad que ninguna de las pendientes de dicho papiro corresponde a la de la Gran Pirámide, vamos a reproducir algunos de estos problemas resueltos y añadiremos por nuestra parte el que correspondería a la misma:

Problema n.°	Altura en codos	Base en codos	Pen-diente	Cotan-gente	Angulo
56	220	360	5 1/25	0,720	54° 14′ 45″
59	8	12	5 1/4	0,750	53° 7′ 48″
60	30	15	4	0,250	75° 57′ 42″
Gran Pirámide	280	440	5 1/2	0,786	51° 50′ 34″

Este valor de la pendiente era muy importante, ya que para tallar las piedras de revestimiento, debía hacerse con medidas sencillas y una simple escuadra de madera. Veamos:

La pendiente de 5 1/2 es igual a 5 1/2 : 7 (ya hemos dicho que el denominador es siempre 7 palmos), que puede reducirse a números sencillos multiplicando por dos, lo que nos dará 11/14, y ahora veamos cómo lo hacían:

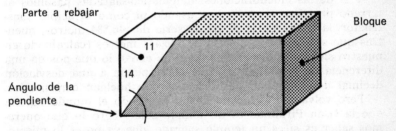

Estas medidas son exactamente las encontradas en las mediciones de las piedras de revestimiento de la Gran Pirámide, pues Pochan nos da un ángulo de 51° 51′ (con un posible error de un minuto en más o en menos).

Ahora bien, si cualquiera intenta determinar cuál es el ángulo que corresponde a pi y a phi, comprobará que ambos se ajustan mucho, pero ninguno es el que hemos hallado para la Gran Pirámide en nuestro cálculo según el papiro de Rhind:

Pendiente de pi = 51° 51′ 14″
Pendiente de phi = 51° 49′ 38″

165

Pero, como hemos dicho antes, los constructores de pirámides no usaban decimales, sino fracciones, de modo que antes de nada sepamos cuáles eran las correspondientes a los dos números:

$$Pi = 22/7$$
$$Phi = 196/121$$

Y aquí está todo el meollo del asunto,

Si pi es igual a 22/7, cuatro dividido por pi será igual a $4 \times 7/22$, o lo que es lo mismo 28/22, lo que, simplificado, resulta 14/11.

Por otra parte si phi es igual a 196/121, su raíz cuadrada será 14/11.

¡Por lo tanto, para los antiguos egipcios, cuatro dividido por pi y raíz cuadrada de phi eran el mismo número!

Resumiendo, que no existía tal problema, que lo hemos creado nosotros. Para ellos tan sagrado debía ser pi como phi, y la prueba la tenemos en que los mismos arqueólogos que sólo admiten el número pi en la construcción de la estructura de la Gran Pirámide, admiten en cambio que la Cámara del Rey fue construida basándose en el número phi.

Y si de las elucubraciones matemático-sagradas pasamos al terreno práctico, veremos que usando pi como principio constructor, la altura de la pirámide sería de 146,584 metros, mientras que si usamos phi, sería de 146,443 metros (calculando en nuestro sistema moderno, no en el de ellos), lo que nos da una diferencia de 0,141 metros, que corresponde a una desviación decimal del 0,096 por 100. Creemos que huelgan comentarios.

Pero volvamos a nuestro tema. Hoy todo el mundo admite que la Gran Pirámide es un templo solar. Pero lo que queremos saber es si es un templo sagrado, que ya no es lo mismo.

Si la Gran Pirámide es un templo sagrado energético, deberán cumplirse las siguientes premisas que enunciamos en el capítulo anterior: 1) una orientación adecuada que permita por lo menos predecir solsticios y equinoccios; 2) la presencia de cuarzo o de rocas cuarcíferas; 3) su realización según medidas y principios geométricos específicos; y 4) la existencia de intensas fuerzas telúricas.

La primera premisa se cumple perfectamente, ya que como demostró cumplidamente Pochan, todavía hoy pueden medirse con un error menor de doce horas los solsticios y equinoccios, gracias a la concavidad de las caras y el efecto relámpago que producen. En los equinoccios, la precisión llega a ser de unos veinte segundos, y es posible que cuando existía el revestimiento de las caras, hoy desaparecido, debía ser todavía mayor.

La segunda premisa se cumple con el granito empleado para las partes más esenciales de la pirámide. Esto explicaría la verdadera función de las cámaras de descarga situadas encima de la Cámara del Rey, función mucho más importante que la de consolidar el monumento, que hasta hoy se les había atribuido.

En cuanto a la tercera premisa nos remitimos a lo expuesto sobre el número sagrado phi y a las abundantísimas aportaciones de los arqueólogos.

Referente a la cuarta, no tan sólo se cumple, sino que todas nuestras experiencias han demostrado que incluso las pequeñas maquetas a escala son capaces de generar energía. Por lo tanto, tal vez la Gran Pirámide, y seguramente la mayoría de las pirámides esparcidas por todo el mundo, sean los únicos lugares sagrados que no sólo se asientan sobre zonas energéticas, sino que además las crean con su sola presencia.

Esta generación de energía por la pirámide se ha reflejado en múltiples relatos de viajeros que han visto luces que se desprenden de la cima de la pirámide, fenómeno que ha dado lugar a muchas leyendas y tradiciones.

Maqrizi, cronista árabe del siglo XIV, nos dice:

«Después de su construcción, a cada una de las pirámides se le asignó un guardián, y las rodearon de espíritus inmateriales. Los coptos cuentan que el espíritu correspondiente a la pirámide del norte es un diablo amarillento y desnudo, de largos dientes. El de la pirámide del sur es una mujer que deja ver sus partes naturales; es hermosa, pero también tiene largos dientes; encanta a los hombres que la miran, les sonríe, les atrae y hace que pierdan la razón. El espíritu de la pirámide pintada es un viejo que sostiene un incensario, donde se queman perfumes.»

El relato más interesante a este respecto es el de William Groff en una comunicación hecha al Instituto Egipcio en 1897:

«Hace aproximadamente dos semanas, tuve ocasión de pasar la noche en el desierto con nuestro vicepresidente, el doctor Abate bajá. Estábamos cerca de las pirámides de Gizeh. Hacia las ocho de la tarde observé una luz que parecía girar lentamente alrededor de la tercera pirámide, más o menos a la mitad de su altura; era como una pequeña llama o, mejor aún, como dijo un beduino, una estrella fugaz; me pareció que daba tres veces la vuelta a la pirámide y después desapareció.

»Vigilé atentamente esta pirámide durante buena parte de la noche. Hacia las once volví a ver otra luz; esta vez era de color azulado pálido. Ascendió lentamente, casi en línea recta, y al llegar a cierta altura por encima de la cúspide, desapareció, extinguiéndose.

»He pasado muchas noches en el desierto, cerca de las pirámides de Gizeh, y he visto alrededor de ellas luces, sin buscar al principio cuál era su origen. Luego fui prestando mayor atención al asunto e hice algunas investigaciones, que, al parecer, dieron como resultado que estas luces no se ven con mucha frecuencia, sino tan sólo algunas veces, unas cinco horas después de la puesta del sol.

»Vi la luz, o las luces, en los lados norte y este de la pirámide a las ocho de la tarde, y en el lado norte, a las once de la noche, que ascendía.»

Lo importante del relato de Groff, es que se trata de un hombre de ciencia de cuya veracidad no cabe dudar, y que no se limita a hacer una observación, sino que se dedica a estudiar el fenómeno. Su declaración posterior de que puede tratarse de corrientes de aire que se desprenden del interior de la pirámide no justifica en absoluto la luminiscencia posterior ni que sólo se vean a determinadas horas y en determinadas ocasiones.

Lo más lógico es que sean emanaciones energéticas que sólo se producen en momentos de máximo de flujo telúrico, lo que corroborara también que en determinadas circunstancias algunos experimentadores hayan logrado ver una emanación energética en el vértice de maquetas piramidales.

En este último caso, y dado que siempre se ha tratado de personas paranormalmente dotadas, es muy posible que ellos, con su propio potencial, hayan provocado inconscientemente una sobrecarga energética de la pirámide.

Creemos que con lo dicho, hemos demostrado suficientemente cuanto nos proponíamos, es decir, que la Gran Pirámide probablemente se trata del máximo templo sagrado energético del mundo, y que su verdadera finalidad no era la de servir de tumba a un faraón, sino que era un centro iniciático capaz de permitir a quien estuviera preparado por un entrenamiento y desarrollo previo, el entrar en contacto con superiores niveles de conciencia.

Conclusiones

Resumamos ahora brevemente cuanto hemos aprendido en nuestro trabajo:

Acompañando siempre a los campos electromagnéticos, existe otro campo, al que llamamos bioenergético, que es la base de la vida. Al contrario de las energías de la física, la bioenergía no se halla limitada por las constantes de la velocidad de la luz, ni la unicidad direccional del tiempo.

Esta energía puede ser detectada y medida indirectamente, mediante los aparatos de alta precisión de la física, y existen substancias, como el agua y el aluminio, que pueden cargarse de dicha energía, para desprenderse luego poco a poco de la misma, lo que facilita su utilización.

El campo bioenergético posee una entropía negativa, o neguentropía, que hace que la bioenergía pase del campo menor al mayor (que es lo que ocurre en la pirámide), excepto cuando es dirigida expresamente (que es lo que ocurre con los sanadores).

La bioenergía es favorable en primer lugar a la salud y al equilibrio energético del organismo (y esto para toda clase de seres vivientes), pero en segundo lugar, favorece los estados alterados de conciencia, en los cuales es posible recibir información del biocampo global (o superior) con lo que es posible la producción de fenómenos paranormales.

El campo bioenergético es muy susceptible de ser influido por los demás campos energéticos, así como por las perturbaciones de los mismos. Campos electromagnéticos débiles la refuerzan, mientras que campos poderosos la destruyen.

Por este motivo, para conseguir sus beneficios, es necesario el uso de construcciones que la acumulen, desde simples maquetas a escala hasta el templo sagrado, máximo acumulador de la misma.

Para dicho objeto, también es necesaria una preparación especial en la que intervengan, en proporciones exactamente equilibradas, el sonido y el movimiento, preparación que se escalona desde las simples técnicas de producción de ondas alfa, hasta las más altas técnicas sagradas de las filosofías trascendentes.

Cuando se consigue conjuntar ambas condiciones —acumulador bioenergético y preparación personal—, puede llegarse al máximo nivel de conciencia, esto es, al conocimiento total, aspiración máxima de la humanidad.

Si sólo se logra parcialmente, o sólo se posee una de estas condiciones, cuanto podemos esperar es producir fenómenos como los conseguidos en maquetas de pirámides o por personas dotadas de facultades paranormales.

Es por este motivo, que tanto en el caso de la maqueta piramidal, como en el caso de los dotados, los resultados son sumamente variables e impredecibles, ya que en último extremo, la variable más importante es el hombre.

Apéndices

1

Construcción de pirámides

Para construir pirámides experimentales debemos resolver dos problemas: 1) hallar las dimensiones de todos sus elementos y, 2) decidir los materiales y medios mecánicos para su construcción.

Las fórmulas para calcular las distintas medidas de una pirámide son las siguientes:

$$B = \frac{2H}{\tan \alpha}$$

$$A = \sqrt{\frac{B^2}{2} + H^2}$$

$$C = \sqrt{\left(\frac{B}{2}\right)^2 + H^2}$$

siendo (véase figura 16) H = altura; B = base; A = arista; C = apotema; α = ángulo de la pendiente (en este caso α = = 51° 51′ 14″, y, por lo tanto, tang α = 1,27324).

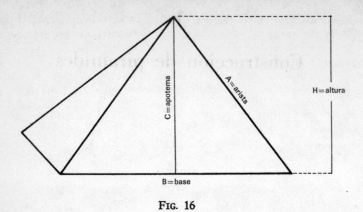

FIG. 16

Para facilitar los cálculos adjuntamos la siguiente tabla:

Altura	Base	Arista	Apotema
100	157,0	149,4	127,1
150	235,6	224,2	190,7
200	314,1	298,9	254,3
250	392,7	373,8	317,9
300	471,2	448,3	381,5
350	549,7	523,1	445,0
400	628,3	597,8	508,6
450	706,8	672,5	572,2
500	785,4	747,3	635,8
550	863,9	822,0	699,3
600	942,4	896,7	762,9
650	1021,0	971,4	826,5
700	1099,5	1046,2	890,1
750	1178,1	1120,9	953,7
800	1256,6	1195,6	1017,2
850	1335,1	1270,4	1080,8
900	1413,7	1345,1	1144,4
950	1492,2	1419,8	1208,0
1000	1570,8	1494,6	1271,6

Las medidas están expresadas en milímetros y décimas de milímetro. Si se desean construir pirámides de dimensiones mayores de 1 metro pueden hacerse multiplicando por 10 las cifras que damos.

Por ejemplo, si deseamos construir una pirámide de 4 m o lo que es lo mismo de 4.000 mm, buscaremos la altura de 400 y multiplicaremos por 10 todas las dimensiones, con lo que tendremos:

Altura $= 400 \times 10 = 4000$ mm $= 4$ m
Base $= 628,3 \times 10 = 6283$ mm $= 6,283$ m
Arista $= 597,8 \times 10 = 5978$ mm $= 5,978$ m
Apotema $= 508,6 \times 10 = 5086$ mm $= 5,086$ m

Si la altura deseada no figura en la tabla, búsquense dos alturas que sumadas den la que necesitamos y hágase lo mismo con los demás datos. Por ejemplo, si queremos construir una pirámide de 1,80 m, sumaremos $1000 + 800 = 1800$ mm $= 1,80$ m. Veamos:

Altura $= 1000 + 800 = 1800$ mm $= 1,80$ m
Base $= 1570,8 + 1256,6 = 2827,4$ mm $= 2,8274$ m
Arista $= 1494,6 + 1195,6 = 2690,2$ mm $= 2,6902$ m
Apotema $= 1271,6 + 1017,2 = 2288,8$ mm $= 2,2888$ m

Con esta tabla y muy pocas operaciones matemáticas podrán realizarse pirámides de cualquier altura comprendida entre 10 cm y 10 m.

Pasemos ahora a los procedimientos de construcción:

El más sencillo, pero que sólo sirve para pirámides pequeñas en cartulina, consiste en trazar una circunferencia cuyo radio sea igual a la arista de la pirámide a construir. Luego, a partir de cualquier punto de la circunferencia y ajustando el compás a la longitud de la base, márquense los puntos correspondientes a los extremos de las aristas de la base. Únanse los puntos así obtenidos tal y como indicamos en el dibujo (figura 17) y recórtese la pirámide siguiendo el trazo que señalamos en grueso, teniendo la precaución de dejar en uno de los lados una pestaña para su posterior encolado. Luego sólo faltará doblar por las líneas que hemos señalado con trazo discontinuo y pegarla por la pestaña que hemos dejado anteriormente. Si con el lomo de un cuchillo o de unas tijeras reseguimos las líneas por donde hay que doblar, realizaremos esta operación más fácilmente y con mejores resultados.

La base la construiremos con la misma cartulina, dibujando en la misma un cuadrado cuyo lado sea el de la base de la pirámide. Señalaremos la mitad de cada lado con un punto y al unir los cuatro obtenidos con un trazo fuerte formarán una cruz que nos será de gran ayuda para orientar la pirámide y centrar el zócalo sobre el que colocaremos los objetos de experiencia (figura 17 B).

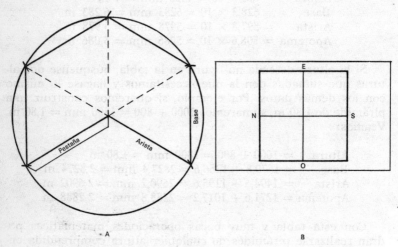

Fig. 17

Situaremos la base en el lugar elegido para realizar las experiencias y colocando una brújula en su centro de modo que los ejes norte-sur y este-oeste de brújula y base coincidan, iremos girando el conjunto hasta que la brújula quede perfectamente orientada al norte.

Luego pegaremos con cinta adhesiva la base al lugar de trabajo, o marcaremos los ángulos de la misma con lápiz grueso o rotulador, para que de este modo podamos quitar y poner la pirámide siempre que sea necesario sin tener que orientarla de nuevo.

Situada la base, colocaremos la pirámide encima del cuadrado dibujado en la misma, de modo que coincidan, y procederemos a pegar también con cinta adhesiva una cara de la pirámide con la línea norte (N) de la base para utilizarla como bisagra sobre la que abrir y cerrar la pirámide.

La última precaución será procurar que el lugar sobre el que coloquemos la pirámide esté bien horizontal. En caso de duda deberá nivelarse la pirámide con ayuda de un nivel de burbuja antes de empezar las operaciones.

Si el tamaño de la pirámide a construir no nos permite usar el método anterior, deberemos construir por separado cada una de las caras.

Supongamos que deseamos construir una pirámide de 50 cm de altura. Para ello podemos usar cartón gris, plástico rígido, o contrachapado de madera de tres o cuatro milímetros de grueso. Las planchas de cartón acostumbran a ser de 1 m de largo por 75 cm de ancho, y las de plástico son de dimensiones parecidas.

Tomaremos una plancha de cartón, por ejemplo, y dividiremos su longitud mayor en dos partes iguales trazando una línea por su parte media. Comprobaremos con una escuadra que esta línea sea perfectamente perpendicular con el borde de la hoja, para asegurarnos que la cara de la pirámide saldrá exactamente proporcionada, y, comprobado esto, tomaremos sobre esta línea la longitud que corresponde a la apotema de la pirámide: en este caso 636 mm. Luego, sobre el lado que formará la base, mediremos a cada lado de la línea de división la mitad de la longitud de la base: 392,5 mm (392,5 + 392,5 = 785 mm, longitud de la base) y uniremos los tres puntos señalados con líneas rectas.

Tendremos así un triángulo cuya base será de 785 mm, su altura (apotema de la pirámide) de 636 mm, y si comprobamos con una regla graduada la longitud de los otros dos lados veremos que es de 747 mm, que corresponde a la arista de la pirámide. Ya sólo falta recortar este triángulo para tener construida una cara. Para las otras tres caras procederemos de igual modo (figura 18).

La base podemos construirla como lo hemos hecho con el sistema anterior y con las mismas precauciones de nivelado.

Para montar la pirámide encolaremos las caras entre sí con cinta adhesiva si usamos cartón o plástico, y con cola en el caso de usar madera. Para el plástico también podemos usar colas especiales que se hallan en el comercio, o hacérnosla nosotros mismos aprovechando pequeños retales sobrantes y disolviéndolos en acetona hasta formar una pasta espesa. En

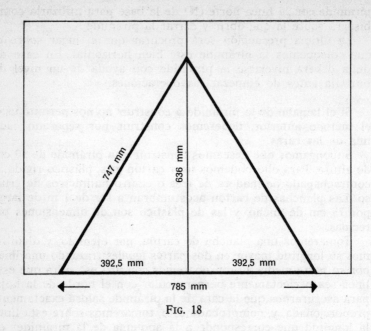

747 mm

636 mm

392,5 mm   392,5 mm

785 mm

FIG. 18

este caso debe tenerse la precaución de preparar cada vez la cantidad precisa, ya que la acetona se evapora muy rápidamente y es difícil conservar la cola preparada.

Si sabemos que precisaremos varias pirámides de las mismas dimensiones, es muy útil construir primero una cara tal como lo hemos indicado en plástico rígido, y guardarla para utilizarla como plantilla, lo que nos ahorrará mucho trabajo.

Las pirámides de cierto tamaño tienen el problema de abrirlas y cerrarlas sin que se desencolen o deformen. Para evitarlo, acostumbramos a pegar también las caras a la base, excepto una, pegada lateralmente con cinta adhesiva, que usamos como puerta. Con este sistema la solidez de la pirámide es mucho mayor y su manejo resulta cómodo.

En pirámides de altura superior a los 50 cm se hace imprescindible construir un armazón de madera para su estabilidad, pero ello requiere cierta habilidad manual. En caso contrario más vale acudir a un carpintero, lo que hace superfluo entrar en detalles.

Lo único que interesa dejar bien presente es que debe limitarse al máximo el uso de clavos y no usar jamás escuadras metálicas en su construcción. Del mismo modo desaconsejamos el uso de armazones de aluminio que algunas casas tienen en oferta, excepto en el caso que más adelante indicamos.

También hemos de señalar que al disponer de armazón de madera es innecesario construir una base. Sigue siendo imprescindible, sin embargo, nivelar horizontalmente el piso de asentamiento. La orientación de la pirámide en este caso deberá hacerse con la brújula sobre un lado de la base, y en el caso de que la pirámide a construir sea muy grande, deberá complementarse el armazón para que pueda adaptarse una puerta en una de las caras para permitir el acceso al interior.

Las pirámides pueden construirse de cualquier material, ya que su eficiencia depende de la forma y no del material empleado. No obstante repetimos una vez más que deben evitarse los metales, ya que su presencia parece bloquear la producción de algunos de los fenómenos. Un caso aparte es el aluminio, pero éste sólo puede usarse en la construcción del armazón *interior*, y esto tan sólo cuando la pirámide queda emplazada *siempre* en el mismo sitio y se tenga la precaución de no usarla hasta transcurridos por lo menos quince días de su instalación definitiva, para dar tiempo al aluminio de cargarse y que desaparezca así su acción bloqueadora.

También hay autores que desaconsejan el uso de cartón ondulado, contrachapado de madera y estireno expandido. Por nuestra parte hemos usado todos estos materiales sin problemas de ninguna clase. Sólo desaconsejamos el cartón ondulado, pero por su fragilidad. También en algunas ocasiones hemos utilizado la lona con buenos resultados.

2

Medición de la bioenergía
mediante la tensión superficial

En el capítulo 6, al hablar del agua y sus propiedades, dijimos que quizá midiendo la tensión superficial sería posible saber cuándo estaba suficientemente cargada. Avanzada la redacción de este libro, hemos tenido conocimiento de que dicho procedimiento se ha experimentado en Estados Unidos para medir la energía de las manos de sanadores psíquicos.

En la obra *Future Science*, de John White y Stanley Krippner, el profesor Robert N. Miller informa que utilizando un medidor de tensión modelo 20 Fisher, del tipo Du Nouy, se realizaron mediciones en agua tratada por las señoras Worrall y Kathryn Hill, conocidas sanadoras, pudiendo observarse una disminución de la tensión superficial de 7,2 y 7,6 dinas/cm respectivamente, en relación a agua de la misma procedencia sin tratar.

Según Miller, la máxima transferencia de energía se produce cuando el agua se coloca en tubos de ensayo que el sanador sujeta entre las manos durante veinte minutos. También comprobaron que la tensión superficial del agua recupera lentamente sus valores normales en veinticuatro horas, lo que indica que en este tiempo pierde sus propiedades curativas. Otra observación, es que si el agua tratada se vierte en un recipiente de acero inoxidable y se agita, recupera su tensión superficial normal en pocos minutos.

He aquí pues un método que, aplicado al agua de la pirámide, nos permitiría conocer la potencia y variaciones que sufre la energía piramidal, y, cotejando estas medidas con las de los factores que sabemos intervienen en el proceso, llegar a conocer objetivamente cómo interviene cada uno de estos factores de una manera cuantitativa.

3

Cómo confeccionar una manta orgónica

En el capítulo 11, hablamos de los trabajos del doctor Wilhelm Reich sobre el orgón y de su aplicación mediante lo que él llama «la manta de energía».

Como dijimos en su lugar, orgón, od, prana, bioenergía, etc., no son más que distintos nombres de una misma energía. Del mismo modo que nosotros usamos la pirámide para acumularla, Reich utilizaba la manta de energía, la caja orgónica, y otros acumuladores similares, todos ellos basados en la manta.

Según Reich, la energía condensada por su manta depende hasta cierto punto de los factores meteorológicos. Los días soleados son los mejores; en días de mal tiempo apenas si consigue captarse energía, siendo igualmente perjudiciales para el funcionamiento de la manta, la lluvia, la niebla y la polución. Las tormentas eléctricas pueden causar la acumulación de un exceso de carga que puede llegar a ser peligroso.

Colocarse la manta —nos dice— acaba en una hora con la tensión y el agotamiento, consiguiéndose un estado de relajación y bienestar; dos o tres aplicaciones de la manta, acaban con un resfriado en un par de días...

Como puede verse, manta orgónica y pirámide actúan de una forma muy similar. Es por ello, y para que puedan efectuarse comparaciones entre una y otra, que vamos a indicarles cómo se construye la manta de Reich.

Si pueden conseguir una manta vieja de lana, corten tres trozos de 50 cm de largo por otros 50 cm de ancho. Procúrense también lana fina de acero en cantidad suficiente para hacer dos capas de un grueso similar, o un poco mayor, del de la manta.

Colóquese sobre una mesa un trozo de manta, que se cubrirá a continuación con una capa de lana de acero; póngase sobre estas dos capas el segundo trozo de manta, que también se cubrirá con otra capa de lana de acero; por fin, superpóngase al todo el tercer trozo de manta. Basta coser el «bocadillo» por los bordes, para tener completa la manta de energía.

Las medidas que les facilitamos son las más prácticas, pero cada uno puede escoger el tamaño que mejor le convenga, desde el de un pañuelo, hasta el de una manta de cama. Del mismo modo, pueden emplearse tantas capas como se quiera, siempre y cuando la primera y la última sean de lana.

También los materiales pueden substituirse a gusto de cada cual. Nosotros indicamos los más eficaces, pero hay quien substituye la lana por seda, hilo o algodón. Del mismo modo, en vez de lana de acero puede utilizarse cualquier otro material inorgánico. Según Reich, lo importante es alternar capas de material orgánico e inorgánico.

La caja orgánica, no es más que una caja cuyas paredes están formadas por mantas orgónicas. En ellas Reich substituye la lana por madera, para darles mayor solidez. Otros investigadores substituyen también la lana de acero por planchas metálicas.

Una experiencia a realizar, sería construir una pirámide con mantas orgónicas.

4

El rotor Ripoff

Enrietta Birdbrain, experta americana en fotografía Kirlian, visitó Praga a principios de 1973, donde el doctor Ripoff le mostró el generador psicotrónico de su nombre y el modo de construirlo. El informe apareció en el periódico mensual de Boston «East West Journal» de mayo de 1974. Veamos ahora cómo se construye.

Coja una hoja de papel fuerte y corte una banda de 170 mm de largo por 75 mm de ancho. Haga tres incisiones de 11 mm a una distancia de 5 mm del borde, tal como se indica en el dibujo (figura 19). Luego, pegue los extremos del papel en unos 8 mm para formar un tubo en el que se superpondrán las dos incisiones de los extremos para formar una sola, opuesta a la central.

Corte una tira del mismo papel de 75 mm de largo por 10 mm de ancho y señale el centro de la misma para poder atravesarlo con una aguja muy fina de acero, que sólo debe sobresalir de 5 a 8 mm.

Pase esta tira por las incisiones del tubo, de manera que la aguja quede centrada sobre el eje del cilindro, con lo que ya tendrá construido el rotor Ripoff.

Busque un frasco o un objeto cilíndrico de vidrio, sobre el que pueda apoyar el rotor, de tal modo que se mantenga bien

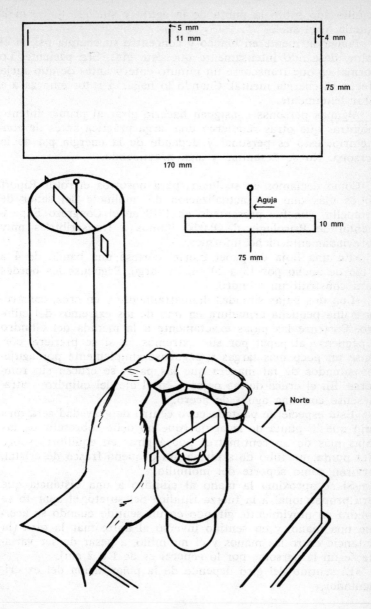

Labels within the figure:
- 5 mm
- 11 mm
- 4 mm
- 75 mm
- 170 mm
- Aguja
- 10 mm
- 75 mm
- Norte

FIG. 19

equilibrado sobre la punta de la aguja y sin que toque ni la botella ni el suelo.

Ponga su mente en blanco y concentre su energía psi en el rotor, deseando intensamente que éste gire. Sea paciente. Lo normal es que transcurra un minuto entero antes de que surja efecto su energía mental. Cuando lo haga, el rotor empezará a girar lentamente.

Algunas personas consiguen hacerlo girar al primer intento mientras que otras requieren una larga práctica antes de conseguirlo; esto es personal y depende de la energía psi de la persona. No se desanime y siga practicando.

Como decíamos en su lugar, para nosotros el rotor Ripoff no es más que una actualización del molinete del señor de Tromelin, que fue presentado en 1910 en el Congreso Experimental de Psicología de París. Vamos a transcribirles muy abreviadamente dicho informe:

«En una hoja de papel fuerte, córtese una banda de 4 a 6 cm de ancho por 15 a 20 cm de largo. Péguense los bordes para construir un cilindro.

»Con dos pajas situadas diametralmente y en cruz, constrúyase una pequeña armadura en uno de los extremos del cilindro. Córtense las pajas exactamente a la medida del cilindro y péguense al papel por sus extremos, o, si se prefiere, córtense un poco más largas y péguense simplemente por agujeros situados de tal manera que las pajas se crucen sin romperse. En el cruce de las pajas —en el eje del cilindro— atraviésense con una aguja de acero.

»Esta especie de pantalla cuyo centro de gravedad será más bajo que la punta de la aguja (que no debe sobresalir de las pajas más de un centímetro) podrá girar en equilibrio sobre esta punta; un tubo de aspirina, un pequeño frasco de cristal, servirán como soporte del molinillo.

»Si se aproxima la mano al cilindro a una distancia que será proporcional a la fuerza fluídica del sujeto, el aparato se pondrá en movimiento, girando en un sentido cuando se acerque una mano, y en sentido inverso al aproximar la otra (la distancia entre las manos y el molinillo, a pesar de ser variable según la persona, por lo general es de 1 a 2 cm).

»El sentido del giro depende de la polarización del experimentador.»

5

Direcciones

Con motivo de la publicación del libro *El poder mágico de las pirámides*, de Toth y Nielsen, en Ediciones Martínez Roca se han recibido innumerables cartas solicitando direcciones donde adquirir materiales y datos sobre pirámides. Dado que únicamente existen en la actualidad empresas americanas que se dediquen a ello, incluimos las direcciones que consideramos más interesantes.

Suministradores de pirámides

Toth Pyramid Company, Inc.
Post Office Box 100
Floral Park, New York 11001

Pyramid Systems International
8222 Nestle Avenue
Reseda, California 91335

Planos para construcción de edificios

Great Pyramid Cheops
Research and Development Company
8143 Big Bend Blvd
Webster Groves, Missouri 63119

Pyramid Power Plus
440 East 75 Street
New York City, New York 10021

Investigadores

Mr. Robert Bruce Cousins
6 Balding Avenue
Poughkeepsi, New York 12601

Mr. Al Manning
E.S.P. Laboratory
7559 Santa Monica Blvd.
Los Angeles, California 90046

Revista de piramidología

The Pyramid Guide
741 Rosarita Lane
Santa Barbara, California 93105

Bibliografía

ATKINSON, R. J. C., *Stonehenge and Avebury*, Her Majesty's Stationery Office, Londres, 1959.

BEDFORD-KENSINGTON, *El experimento Delpasse*, Ediciones Martínes Roca, Barcelona, 1977.

BUDGE, Sir E. A., *Egyptian Language*, Routledge and Kegan Paul, Londres.

BURR, Harold Saxton, *Blueprint for Immortality*, Neville Spearman, Londres, 1972.

BOVIS, A., *De la radiation de tous les corps décelée par le pendule paramagnétique*, Edición del autor, Niza.

BUTLER, W. E., *The Magician*, Wilshire, California, 1976.

COXHEAD, Nona, *Los poderes de la mente*, Heineman, Londres, 1976. (De próxima publicación en Ediciones Martínez Roca, Barcelona.)

CHARON, Jeane, *L'esprit cet inconnu*, Albin Michel, París, 1977.

CHARPENTIER, Louis, *El enigma de la Catedral de Chartres*, Plaza-Janés, Barcelona, 1969.

CHAUMERY y BELIZAL, *Traité experimental de Physique Radiesthésique*, Dangles, París, 1939.

— *Essai de Radiesthésie Vibratoire*, Dangles, París, 1956.

DUVAL, Clément, *L'Eau*, Presses Universitaires de France, París, 1962.

189

EBON, Martin, *Misterious Pyramid Power*, Signet, Nueva York, 1976.

ELIADE, Mircea, *Herreros y alquimistas*, Alianza Editorial, Madrid, 1974.

— *Shamanism*, Princeton, New Jersey, 1972.

— *Yoga, inmortalidad y libertad*, La Pléyade, Buenos Aires, 1971.

ENEL, *Premiers pas en Radiesthésie Thérapeutique*, Omnium Literaire, París, 1958.

— *Radiations des formes et cancer*, Omnium Literaire, París, 1951.

FENG, Gia Fu y WILKERSON, Hugh, *Tai Chi and I Ching*, Collier, Nueva York, 1974.

FLANAGAN, Patrick, *Pyramid Power*, De Vorss, 1973.

— *Beyond Pyramid Power*, De Vorss, 1975.

GARCÍA ATIENZA, Juan, *Los supervivientes de la Atlántida*, Ediciones Martínez Roca, Barcelona, 1978.

GAUQUELIN, Michel, *Los relojes cósmicos*, Plaza-Janés, Barcelona, 1970.

— *La santé et les conditions atmosfériques*, Hachette, 1967.

HAWKES, Jaquetta, *A Guide to the Prehistoric and Roman Monuments in England and Wales*, Sphere, Londres, 1973.

HAWKINS, Gerald, *Stonehenge Decoded*, Souvenir, Londres, 1976.

— *Beyond Stonehenge*, Hutchinson, Londres, 1973.

HEISENBERG, Werner, *La imagen de la naturaleza en la física actual*, Ariel, 1976.

HERBERT, Jean, *Spiritualité Hindue*, Albin Michel, París, 1972.

HITCHING, Francis, *Earth Magic*, Casell, Londres, 1976.

HOYLE, Fred, *De Stonehenge a la Cosmología contemporánea*, Alianza Editorial, 1976.

JOHNSON, Ken, *The Ancient Magic of the Pyramids*, Pocket, Nueva York, 1977.

KARLGREN, Bernhard, *Analytic Dictionary of Chinese*, Dover, Nueva York, 1974.

KERREL, Bill y GOGGIN, Kathy, *The Guide to Pyramid Energy*, Santa Mónica, California, 1975.

KING, Serge, *Pyramid Energy Handbook*, Warner Books, Nueva York, 1977.

KOELLIKER, Théo, *Symbolisme et Nombre D'Or*, Omnium Literaire, París, 1957.

KRIPPNER, Stanley y RUBIN, Daniel, *The Energies of Consciousness*, Interface, Nueva York, 1975.

LafForest, Roger de, *Casas que matan*, Ediciones Martínez Roca, Barcelona, 1976.

Lau, D. C., *Lao Tzu: Tao Te Ching*, Penguin, Londres, 1976.

Lavier, Jacques André, *Medicina china, medicina total*, Acervo, Barcelona, 1973.

Michell, John, *The Earth Spirit*, Thames and Hudson, Londres, 1975.

— *The View Over Atlantis*, Ballantine, Nueva York, 1969.

Moffett, Robert K., *Secrets of the Pyramids Revealed*, Tempo Books, Nueva York, 1976.

Moine, Michel, *La Radiestesia*, Ediciones Martínez Roca, Barcelona, 1974.

Newham, C. A., *The Astronomical Significance of Stonehenge*, Blackburn, Inglaterra, 1972.

Odier, Daniel y Smedt, Marc de, *Las Místicas Orientales*, Ediciones Martínez Roca, Barcelona, 1975.

Ostrander, Sheila y Schroeder, Lynn, *Psychic Discoveries Behind the Iron Curtain*, Prentice-Hall, 1970.

— *Handbook of Psychic Discoveries*, Berkley, Nueva York, 1974. (De próxima publicación en Ediciones Martínez Roca, Barcelona.)

Ouseley, S. G. J., *The Power of the Rays*, Fowler, Londres, 1975.

Piccardi, G., *The Chemical Basis of Medical Climatology*, Charles C. Thomas, Springfield, 1962.

Pochan, André, *El enigma de la Gran Pirámide*, Plaza-Janés, Barcelona, 1973.

Purce, Jill, *The Mystic Spiral*, Thames and Hudson, Londres, 1974.

Rawson, Philip y Legeza, Laszlo, *Tao*, Thames and Hudson, Londres, 1973.

Rieker, Hans-Ulrich, *The Yoga of Light*, Allen and Unwin, Londres, 1972.

Russell, Edward W., *Report on Radionics*, Spearman, Londres, 1973.

— *Design for Destiny*, Spearman, Londres, 1973.

Schell, Orville, *Imperial China*, Penguin, Londres, 1968.

Schul, Bill y Pettit, Ed, *The Secret Power of Pyramids*, Fawcett, Nueva York, 1975.

— *The Psychic Power of Pyramids*, Fawcett, Nueva York, 1976.

Stark, Norman, *The First Practical Pyramid Book*, Scheed Andrews and McMeel Inc., Kansas City, 1977.

Thom, A., *Megalithic Sites in Britain*, Oxford U.P., Londres, 1967.

— *Megalithic Lunar Observatories*, Oxford U.P., Londres, 1971.

TOMPKINS, Peter, *Secrets of the Great Pyramid*, Harper and Row, Nueva York, 1971.

TOMPKINS, Peter y BIRD, C., *La vida secreta de las plantas*, Diana, México.

TOTH, Max y NIELSEN, Greg, *El poder mágico de las pirámides*, Ediciones Martínez Roca, Barcelona, 1977.

TURENNE, L., *De la Baguette de Coudrier aux Détecteurs du Prospecteur*, Edición del autor, París, 1931-1945.

VALENTINE, Tom, *The Great Pyramid: Man's Monument to Man*, Pinacle Books, Nueva York, 1975.

VIVEKANANDA, Swami, *Les yogas practiques*, Albin Michel, París, 1970.

WHITE, John y KRIPPNER, Stanley, *Future Science*, Anchor, Nueva York, 1977.

WATKINS, Alfred, *The Old Straight Track*, Garnstone, Londres, 1970.

YOGANANDA, Paramahansa, *Autobiografía de un yogui contemporáneo*, Siglo Veinte, Buenos Aires, 1956.

YÜ, Lu K'uan, *Taoist Yoga*, Rider, Londres, 1972.

Revistas consultadas
«L'autre monde», París.
«Historia 16», Madrid.
«Investigación y ciencia», Barcelona.
«Science et Vie», París.
«Sciences et Avenir», París.
«Pyramid Guide», California.

Indice

Prólogo   7

Primera parte
Piramidología experimental

 1. De las ondas nocivas a la energía piramidal . . .   11
 2. La furia piramidal   18
 3. Momificación y conservación de alimentos . . .   29
 4. Experiencias con las plantas   43
 5. Las pirámides y la salud   51
 6. El agua   59
 7. El aluminio y los metales   70
 8. Experiencias psíquicas   78
 9. La radiónica, magia moderna   85
10. Otras experiencias   95

Segunda parte
Investigaciones paralelas y piramidología teórica

11. La energía universal 107
12. En busca de la bioenergía 116
13. La bioenergía en acción 124
14. El modelo cósmico: padre cielo 133
15. El modelo cósmico: madre tierra 141

193

7. Pirámides - 2

16. La arquitectura sagrada 150
17. La Gran Pirámide: templo sagrado 161

Conclusiones 169

Apéndice 1. Construcción de pirámides 173
Apéndice 2. Medición de la bioenergía mediante la tensión superficial 180
Apéndice 3. Cómo confeccionar una manta orgánica . 182
Apéndice 4. El rotor Ripoff 184
Apéndice 5. Direcciones 187

Bibliografía 189

ENIGMAS DEL PASADO Y DEL FUTURO

EL ORO DE LOS DIOSES
Los extraterrestres entre nosotros

Erich von Däniken

La más fantástica visión de nuestro pasado. ¿Fue visitada la Tierra por viajeros procedentes del espacio?

LAS APARICIONES
¿Existen las apariciones?

Erich von Däniken

Una obra que suscita controversias en todo el mundo. ¿Existen las curaciones milagrosas? ¿Qué es el más allá?

EL MENSAJE DE LOS DIOSES
La evidencia gráfica de lo imposible

Erich von Däniken

Däniken en busca de los dioses extraterrestres. 375 ilustraciones en blanco y negro y a todo color.

LA RESPUESTA DE LOS DIOSES
Las pruebas de Däniken

Erich von Däniken

El autor ha buscado en cinco continentes las pruebas tangibles de la existencia de sus dioses-astronautas.

PROFETA DEL PASADO
¡Los extraterrestres están en todas partes!

Eric von Däniken

Pruebas demoledoras de las más recientes investigaciones.

LOS SUPERVIVIENTES DE LA ATLANTIDA
¿Hubo una civilización superior en los países atlánticos?

J. G. Atienza

¿Quiénes eran los dioses del diluvio? Hombres convertidos en dioses nos dejaron sus huellas. Un desafío a la ciencia.

LAS PROFECIAS DEL PAPA JUAN XXIII
¡Una revelación sensacional!

Pier Carpi

La historia de la humanidad desde 1935 hasta 2033. El descubrimiento de un texto inédito perteneciente al papa Juan XXIII.

EL PODER MAGICO DE LAS PIRAMIDES
¿Una nueva energía?

Toth y Nielsen

El mayor secreto del mundo antiguo. Cada libro contiene una pirámide con la que se pueden realizar sensacionales experimentos.

CHAN CHAN, LA MISTERIOSA
Una civilización desconocida

Marcel F. Homet

A través de sus hallazgos arqueológicos, el autor reconstruye una prodigiosa civilización preincaica.

EL PODER DE LAS PIRAMIDES 2
Nuevos y fantásticos experimentos

E. Salas y R. Cano

Los más sensacionales descubrimientos, fruto de las más recientes investigaciones. Cada ejemplar contiene una pirámide multicolor aplicable a fines terapéuticos, meditación, crecimiento de las plantas, etcétera.

LA ACUPUNTURA
Una terapéutica especialísima

Georges Beau

La medicina china se ha ganado adeptos en el mundo entero y es ejercida por una minoría de médicos en todos los países de Europa y América.

ASTROLOGIA Y SALUD
El signo astral condiciona la salud

Adams y Bontemps

Sepa escoger las plantas, los regímenes alimenticios que le benefician. Un nuevo arte de vivir de acuerdo con la naturaleza y con uno mismo.

J. Iverson

MAS DE UNA VIDA

Reencarnación

La auténtica prueba de que la reencarnación no es una fantasía, sino una realidad.

Boris Cristoff

LA GRAN CATASTROFE DE 1983

Un libro apocalíptico

La elaboración de una teoría que predice la catástrofe mundial que se registrará en 1983. ¿Se encamina la Tierra hacia su fin?

Hans Holzer

CUANDO LOS OVNIS ATERRIZAN

Contactos con extraterrestres

La realidad tras la ficción. Revelado por fin el verdadero propósito de los OVNIS y de sus contactos con personas humanas.

Hans Holzer

SUPERVIVIENTES DE LA MUERTE

Vida después de la muerte

¿Fantasía o realidad? Casos reales de los que han vuelto. El testimonio de las personas que han ingresado en el otro mundo.

Christian de Corgnol

LOS SANADORES FILIPINOS

Todo sobre las manos mágicas que curan enfermedades imposibles.

La verdad sobre los doctores sin título que hacen milagros. ¿Quiénes son los sanadores que hacen operaciones quirúrgicas sin bisturí?

LA META SECRETA DE LOS TEMPLARIOS

El ocultismo templario al descubierto.

Juan G. Atienza

Averigüe dónde y por qué los templarios escogían sus enclaves comprándolos a precio de oro.

TESTIGO DE LOS DIOSES

¿Farsante o auténtico profeta de los extraterrestres?

Erich von Däniken

Däniken contesta a todas las preguntas que usted pueda formularle.

Ostrander y Schroeder

MANUAL DE EXPERIMENTOS PARAPSIQUICOS

Descubra sus poderes mediante centenares de experimentos que puede realizar en su propio hogar.

Lleve a cabo por sí mismo los últimos experimentos parapsíquicos. Con cada ejemplar se incluye un *comunicador telepático* con el que podrá comprobar sus habilidades psíquicas.

BERMUDAS

Base secreta de
los ovnis

Jean Prachan

En el célebre triángulo de las desapariciones misteriosas está la prueba de que los extraterrestres existen.

CREDO IMPOSIBLE

Una pequeña biblia de
lo oculto e inexplicable

Paul Misraki

Una explicación clara y racional de todos los fenómenos parapsicológicos.

LA GRAN HECATOMBE

¿Cómo puede desaparecer
el mundo?

Marius Alexander

Las formas en que la Tierra puede desaparecer ¿Qué día y a qué hora acabará el mundo?

EL PODER PSÍQUICO DE LAS PLANTAS

¿Podemos comunicarnos
con las plantas?

John Whitman

Fantásticas revelaciones sobre la vida secreta de las plantas. ¿Poseen percepción extrasensorial?

LOS PODERES DE LA MENTE

Los últimos avances de la
investigación parapsicológica.

Nona Coxhead

Descubra sus ilimitados poderes ocultos mediante las más modernas técnicas de la parapsicología.

EL DIARIO SECRETO DE LOS BRUJOS DE HITLER

¿Poseía el Führer poderes
paranormales?

Ribadeau Dumas

Los documentos secretos sobre la transformación demoníaca de un extraordinario personaje.

FUEGO DEL CIELO

El enigma de las personas
que arden súbitamente.

Michael Harrison

Rigurosamente cierto. Personas que mueren carbonizadas sin haberse acercado al fuego y sin que sus ropas se chamusquen siquiera.

ALTERNATIVA 3
Un complot asombroso:
¿Sociedad de elegidos en Marte?

Leslie Watkins
Sabios de nuestro planeta desaparecen sin dejar rastro. No es una novela, sino un plan real descubierto gracias a un documental de televisión.

LA PROFESION EN SU MANO
¡Su oficio, profesión o carrera está escrito en sus manos!

René Butler
El más simple de los test de orientación profesional: Mire usted atentamente sus manos y las líneas y signos que las definen, y descubrirá la profesión para la cual está más dotado.

EL DESTINO DE LA HUMANIDAD
El porqué de la gran catástrofe de 1983.

Boris Cristoff
Las predicciones mundiales hasta el año 4200 y el método que las hizo posibles.

Si usted desea estar al corriente de nuestras publicaciones, sírvase escribirnos y recibirá gratuitamente nuestro boletín ilustrado con las novedades que usted puede encontrar en su librería habitual. Si desea recibir información complementaria sobre las siguientes materias:

Ciencia ficción
Ajedrez
Divulgación científica
Ocultismo
Reportaje

Novela
Novela juvenil
Sociología
Historia
Memorias

solicítela a nuestro Servicio de Información Bibliográfica.

ediciones martínez roca, s.a.
Gran Vía, 774, 7.º - Barcelona - 13